**Texte • Medien**

Johann Wolfgang von Goethe

# Faust  Der Tragödie erster Teil

## Informationen für Lehrerinnen und Lehrer

Erarbeitet von   Volker Frederking

Schroedel

Texte • Medien

Herausgegeben von Peter Bekes und Volker Frederking

© 2010 Bildungshaus Schulbuchverlage
Westermann Schroedel Diesterweg
Schöningh Winklers GmbH, Braunschweig
www.schroedel.de

Das Werk und seine Teile sind urheberrechtlich geschützt. Jede Nutzung in anderen als den gesetzlich zugelassenen Fällen bedarf der vorherigen schriftlichen Einwilligung des Verlages. Hinweis zu § 52a UrhG: Weder das Werk noch seine Teile dürfen ohne eine solche Einwilligung gescannt und in ein Netzwerk eingestellt werden. Dies gilt auch für Intranets von Schulen und sonstigen Bildungseinrichtungen.
Auf verschiedenen Seiten dieses Buches befinden sich Verweise (Links) auf Internet-Adressen. Haftungshinweis: Trotz sorgfältiger inhaltlicher Kontrolle wird die Haftung für die Inhalte der externen Seiten ausgeschlossen. Für den Inhalt dieser externen Seiten sind ausschließlich deren Betreiber verantwortlich. Sollten Sie bei dem angegebenen Inhalt des Anbieters dieser Seite auf kostenpflichtige, illegale oder anstößige Inhalte treffen, so bedauern wir dies ausdrücklich und bitten Sie, uns umgehend per E-Mail davon in Kenntnis zu setzen, damit beim Nachdruck der Verweis gelöscht wird.

Druck A2/Jahr 2014
Alle Drucke der Serie A sind im Unterricht parallel verwendbar.

Redaktion: Frank Sauer
Herstellung: Ira Petersohn, Ellerbek
Reihentypografie: Iris Farnschläder, Hamburg
Satz: UMP Utesch Media Processing GmbH, Hamburg
Druck: westermann druck GmbH, Braunschweig

Das Texte • Medien -Programm zu »Faust I«:

978-3-507-47009-5   Textausgabe mit DVD
978-3-507-47109-2   Arbeitsheft
978-3-507-47209-9   Informationen für Lehrerinnen und Lehrer

Informationen und Materialien im Internet:
www.schroedel.de/textemedien

ISBN 978-3-507-47209-9

# Inhalt

Einleitung **4**

**Sachanalyse**
Goethes »Faust« in der Forschung **4**
   *Ideologisierende Ansätze* **4**
   *Idolisierende Ansätze* **5**
   *Distanzierend-kritische Ansätze*
   *Wissenschaftlich-philologische Ansätze* **5**

**Didaktische Analyse**
Goethes »Faust« im kompetenzorientierten Literaturunterricht **6**
   *Erläuterungen zur didaktischen Konzeption* **6**
   *Der modulare Aufbau* **7**
   *Empfehlung: Erste Lektüre des Buches durch die Schüler(innen) vor dem Beginn der Unterrichtsreihe* **8**
Die Unterrichtsreihe im Überblick **9**
   *Modul 1: Einstieg in die Unterrichtsreihe* **11**
   *Modul 2: Goethes »Faust« im Kontext von Biografie und Werkgeschichte* **13**
   *Modul 3: Der historische »Faust« und seine Zeit* **15**
   *Modul 4: Volksbuch – Drama – Puppenspiel. Die Faust-Tradition vor Goethe* **19**
   *Modul 5: Gelehrtentragödie I – Fausts Eingangsmonolog* **23**
   *Modul 6: Der dreifache Rahmen I: »Zueignung« und »Vorspiel auf dem Theater«* **28**
   *Modul 7: Der dreifache Rahmen II: »Prolog im Himmel«* **33**
   *Modul 8: Gelehrtentragödie II: Innere und äußere Stationen zum Pakt bzw. zur Wette* **37**
   *Modul 9: Fausts Philosophie der Tat und seine Übereinkunft mit Mephisto* **39**
   *Modul 10: Gretchentragödie I: Von Auerbachs Keller bis zur ersten Begegnung von Faust und Margarete* **44**
   *Modul 11: Gretchentragödie II: Stationen auf dem Weg zur Katastrophe* **48**
   *Modul 12: Rezeption und mediale Gestaltung* **52**

Fragebogen zur Auswertung der Faust-Reihe **56**
Vorschläge für Klausuren **57**
Literaturempfehlungen/Medien **58**

Verwendete Abkürzungen:
V = Verse von »Faust I« in der Textausgabe, S. 9–177 (V. 1–4612)
M = Materialien in der Textausgabe, S. 180–261
A = Arbeitsheft
L = Informationen für Lehrerinnen und Lehrer

Texte . Medien
Sachanalyse

# Einleitung

Goethes »Faust« gehört nicht nur zu den berühmtesten Werken der deutschsprachigen Literatur, sondern bis in die Gegenwart hinein auch zu den maßgeblichen kulturellen Identifikationspunkten. So jedenfalls lässt sich das Ergebnis einer großen Untersuchung der ZEIT zum Literatur-Kanon aus dem Jahre 1997 interpretieren, in der die Mehrheit der vierzig befragten prominenten Zeitgenossen und Zeitgenossinnen das Drama des »deutschen Dichterfürsten« zur unangefochtenen Nummer 1 der obligatorischen Bildungsgüter wählten (vgl. Die Zeit, Nr. 21, 16.05.1997). Gleichwohl ist die Behandlung des klassischsten aller klassischen Werke im Deutschunterricht durchaus kein »Selbstläufer«. Der zeitliche Abstand erweist sich als nicht unerhebliche Schwierigkeit für Schüler(innen) und als didaktisch-methodische Herausforderung für ihre Lehrer(innen).

»Warum wird Faust auch heute noch an Schulen besprochen? Ist der Faust nur berühmt, weil er von Goethe stammt? Ist Faust aktuell?« So lauten Fragen von Schüler(inne)n eines Deutschleistungskurses nach dem ersten unmittelbaren Rezeptionseindruck des Werkes noch vor jeder detaillierten Besprechung (ermittelt in einem Schreibgespräch vgl. A, S. 7; vgl. Frederking 1999, S. 355). Diese Fragen sind ebenso ernst gemeint wie ernst zu nehmen. Denn einen Klassiker mit Interesse zu lesen, setzt für nicht wenige Schüler(innen) voraus, dass die anfängliche Erfahrung von Alterität beim Lesen eines klassischen Textes durch die »Verlockungsprämie« einer Aktualität »versüßt« wird, die bei vertiefter Beschäftigung mit der zunächst so fremden Textwelt in individueller wie kultureller und gesellschaftlicher Hinsicht erkennbar wird. Diese Erfahrung Schüler(inne)n zu vermitteln muss ein Ziel zeitgemäßen Deutschunterrichts sein. Die vorliegenden

- *Informationen für Lehrerinnen und Lehrer* sollen Wege eröffnen, heutigen Schüler(inne)n mit der
- *Textausgabe* (T) plus integriertem Materialienteil (M) und DVD sowie dem
- *Arbeitsheft* (A) ebenso interessante wie fruchtbare Zugänge zu Goethes berühmtestem Werk zu eröffnen.

# Goethes »Faust« in der Forschung

Um skeptisch-neugierige Fragen heutiger Schüler(innen) als legitime Anfragen an das Werk zu verstehen, ist es hilfreich, sich als Lehrer(in) bewusst zu sein, dass die von Schüler(inne)n offen oder verdeckt gestellte Frage nach der Aktualität des »Faust« durchaus ihre Entsprechung in der Geschichte der wissenschaftlichen Auseinandersetzung mit Goethes berühmtestem Werk besitzt. Schüler(innen) formulieren lediglich recht plakativ, was die Forschung zumeist differenzierter und elaborierter diskutiert hat.

Im Bewusstsein eines im postmodernen Horizont brüchig gewordenen kulturellen Traditionsbezugs hat beispielsweise Gerhard Schulz auf dem 1986 veranstalteten Symposion »Verlorene Klassik?« provokativ und besorgt zugleich die Frage »Warum Goethe?« (1986, 421) aufgeworfen, um auf dieser Basis das Verhältnis von Historizität und Aktualität klassischer Dichtung zu diskutieren. Schulz steht damit stellvertretend für eine moderne Germanistik, die sich um neue Zugänge zu klassischen Texten bemüht. Damit setzt Schulz spezifische Akzente, wie ein Blick auf die Tradition der »Faust«-Forschung im 20. Jahrhundert zeigt. Vier Aspekte lassen sichj unterscheiden:

## Ideologisierende Ansätze

Zunächst ist hier die ideologisierende Klassik-Rezeption zu nennen (vgl. dazu Scholz 1983; Jasper 1998), die im 19. Jahrhundert unter deutschnationalen Vorzeichen einsetzte und bis in die vierziger Jahre des 20. Jahrhunderts hinein weite Teile der Forschung dominierte (vgl. z.B. von Loeper 1870; Moeller van den Bruck 1907; Spengler 1918; Korff 1938; Gabler 1938). In der ersten Hälfte des 20. Jahrhundert erweiterte sich das Spektrum ideologisierender Vereinnahmung durch die nationalsozialistische Usurpation, nach der Goethe im Faust »das Wesen von uns« darstellte, »das Ewige« (Rosenberg 1930, 515).

Nach 1945 vereinnahmten Teile der ostdeutschen Germanistik Faust zum Vordenker des Klassenkampfes (Hartmann 1982). Als Anknüpfungspunkte konnten dabei ernst zu nehmende Deutungsansätze der frühen linken Germanistik (vgl. z. B. Lukácz 1940/53) dienen.

### Idolisierende Ansätze

In Westdeutschland trat nach dem Zweiten Weltkrieg an die Stelle der ideologisierenden eine idolisierende Rezeption.[1] Zwar brach die erste Generation der Nachkriegsforscher in Westdeutschland in der Mehrzahl in überzeugender Weise mit den ideologischen Vereinnahmungsversuchen, ohne allerdings zu wirklich kritischer Distanz fähig zu sein. Vielmehr war eine stark idealisierende Grundhaltung für die Faust-Rezeption der frühen Nachkriegszeit kennzeichnend (vgl. z. B. Emrich 1943; Staiger 1952–59). So deutete Emrich den »Faust« als unantastbaren Höhepunkt der Weimarer Klassik und als »größte deutsche Dichtung« (Emrich 1943, 10).

Diese Haltung findet noch in der Gegenwart ihren Widerwall, wenn Goethes »Faust« als »das bedeutendste Werk der deutschen Literatur« (Nawrath 1986, 7) verstanden wird, als »Höhepunkt […] deutscher wie europäischer Kultur« (Hinderer 1997, in: »Die Zeit 21, 16.05.1997). Selbst in der Stilisierung des »Faust« zum idealtypischen »Repräsentanten der Moderne« (Kaiser 1994, 17) leben diese Tendenzen weiter.

### Distanzierend-kritische Ansätze

Dieser idolisierenden Haltung stand und steht eine distanzierte bzw. kritische Faust-Rezeption gegenüber, die bereits in den fünfziger Jahren z. B. durch Günther Anders mitgeprägt wurde. Dieser hatte mit der Wendung »Faust ist tot« (1956, 239) ebenso plakativ wie unmissverständlich die These von der Unzeitgemäßheit bzw. Antiquiertheit des »Faust« in die Nachkriegsdebatte eingeführt. In seinem Urteil war die Figur des Faust im Zeitalter apokalyptischer technologischer Allmacht »beinahe unnachvollziehbar geworden« (1956, 240). Noch schärfer argumentierte 1970 Hans-Joachim Grünwaldt (1970) mit seiner in das Gewand einer rhetorischen Frage gekleideten These »Sind Klassiker etwa nicht antiquiert?«. Dieser Frontalangriff auf das klassische Erbe deutscher Literatur findet sich auch in der Gegenwart in modifizierter Form wieder. So resümierte Ende der neunziger Jahre Willi Jasper in deutlicher Distanz zur idolisierenden Rezeption: »Die 12000 Verse von Goethes »Faust« belasten seit über 150 Jahren als gymnasiales Zitatentrauma und moralisches Lehrstück die deutsche Bildungs- und Ideologiegeschichte« (1998, 7).

### Wissenschaftlich-philologische Ansätze

Eine vierte, ebenfalls nach 1945 einsetzende Richtung der »Faust«-Forschung bemüht sich um eine möglichst objektive Rezeption und Analyse von Goethes berühmtestem Werk. Sie ist mit systematischen Aufarbeitungen der Rezeptionsgeschichte (vgl. z. B. Stein 1972; Keller 1974; 1992) ebenso verbunden wie mit textphilologisch exakten Erschließungen von Goethes Schriften im Allgemeinen und seines berühmtesten Werks im Besonderen. Zu nennen sind hier neben Kommentarbänden (Friedrich/Scheithauer 1959) vor allem die großen textkritischen Gesamtausgaben mit umfangreichen Kommentierungsteilen von Erich Trunz (1948–78) und Albrecht Schöne (1994). Dazu gehören aber auch zahlreiche Aufarbeitungen von Einzelaspekten von Faust I und II (vgl. z. B. Lohmeyer 1975; Schlaffer 1981; Arens 1982; Hucke 1992; Schanze 1999; Jasper 1998).

---

[1] Eine pikante Sonderstellung nimmt der Fall »Schneider/Schwerte« ein. Hans Ernst Schneider, promovierter Germanist und Mitglied der SS, ließ sich nach 1945 für tot erklären, nahm eine neue Identität als Hans Schwerte an und avancierte nach seiner Habilitation 1958 zum Thema »Faust und das Faustische« zu einem führenden Germanisten und Faust-Forscher der Nachkriegszeit. 1995 wurde der ehemalige Rektor der RWTH Aachen und Träger des Bundesverdienstkreuzes enttarnt.

**Texte . Medien**
Didaktische Analyse

# Goethes »Faust« im kompetenzorientierten Literaturunterricht

Vor dem Hintergrund der Forschungsgeschichte ist evident, dass eigentlich nur die Ansätze der beiden zuletzt behandelten Phasen bzw. Richtungen der Faust-Forschung als literaturwissenschaftliches Fundament einer Behandlung im Unterricht dienen können. Texte der ersten und zweiten Forschungsphase könnten allenfalls als interessante und Diskussionen anregende Dokumente der Rezeptions- und Forschungsgeschichte in die Planung einer Unterrichtsreihe einbezogen werden.

Welche literaturdidaktischen Fundamente und Ziele aber sind zur Behandlung von Goethes »Faust« sinnvoll?

## Erläuterungen zur didaktischen Konzeption

Die nachfolgend vorgestellte Unterrichtsreihe zu Johann Wolfgang von Goethes »Faust I« entspricht den Zielsetzungen kompetenzorientierten Deutschunterrichts. Schüler(innen) der Oberstufe sollen auf interessante Weise Zugang zum »Faust« finden und dabei ihre Fähigkeit vertiefen, einen klassischen Text in seinen vielfältigen Facetten zu erschließen, zentrale Inhalte und Formmerkmale zu erarbeiten, mentalitäts-, motiv- und literaturgeschichtliche Zusammenhänge zu erfassen, intertextuelle Bezüge zu verstehen, unterschiedliche literaturwissenschaftliche Interpretationen zu prüfen und auf dieser Grundlage eigene Deutungsansätze zu entwickeln (Kammler 2000a; 2000b; 2000c). In diesem Sinne wird das gesamte mögliche Spektrum analytisch-diskursiver Verfahren in dem vorgeschlagenen Konzept zur Behandlung des »Faust« zum Einsatz gelangen.

Ganz wesentlich ist dabei die Absicht, Schülerinnen und Schüler für die Teilnahme an diskursiven Prozessen zu gewinnen, sie vielfältige Anregungen finden zu lassen, ein weites Spektrum von Kommunikationsformen einzuüben und damit die Bereitschaft und Fähigkeit zu kooperativem Lernen weiterzuentwickeln.

Um einen möglichst abwechslungsreichen Unterricht zu ermöglichen, finden Einzelarbeit, Partnerarbeit, Gruppenarbeit, Unterrichtsgespräch, Plenumsdebatte, Lehrervortrag etc. Anwendung.

Aber auch handelnd-produktive und personalkreative Verfahren kommen zum Einsatz (vgl. z. B. Abraham 1999; Haas 1997; Spinner 1993, 1999; 2010; Waldmann 1998), um Schüler(inne)n einen eigenaktiv-künstlerischen ästhetischen Zugang zum Werk zu ermöglichen. Dies gilt für theatrale Formen ebenso wie für unterschiedliche Arten von Schreibarrangements im Sinne handlungs- und produktionsorientierten Literaturunterrichts bzw. kreativen Schreibens.

Überdies sind in die Vorschläge zur Behandlung des »Faust« die vielfältigen Möglichkeiten integriert worden, die sich mit technischen Medien wie Hörbuch, Film, Computer und Internet im Horizont fachspezifischer mediendidaktischer Zielsetzungen gerade beim Faust ergeben (vgl. aus fachwissenschaftlicher Perspektive Schanze 1999; aus fachdidaktischer Perspektive Wermke 1997; 1999; Frederking 2002; 2004; 2006; 2010a; 2010c; Frederking/Krommer/Maiwald 2008).

Eine besondere Rolle werden dabei die Filmausschnitte der Inszenierungen von Gründgens (1960), Dorn (1987) und Stein (2000) zum »Prolog«, zur »Gelehrtentragödie« und zur »Gretchentragödie« spielen, die auf der der Textausgabe beigefügten DVD enthalten sind. Vom PC oder Netbook aus können sie per Beamer oder Whiteboard der Lerngruppe präsentiert oder individuell von den Schüler(inne)n am PC oder Netbook von der DVD aus individuell rezipiert oder am SymBoard (www.medid.de) auch individuell rezipiert, kommentiert und verarbeitet werden (vgl. dazu Frederking 2010a; 2010d).

Eine Verbindung von schüler- und sachorientierten Zugängen sollen Unterrichtsarrangements ermöglichen, die in besonderer Weise auf das Selbst- und Weltverhältnis der Schüler(innen) zielen. Grundlage ist dafür ein so genannter identitätsorientierter Ansatz (vgl. dazu Kreft 1977; Spinner 1980; 1993; 2001; Frederking 1999; 2004; 2010b). Im vorliegenden Lehrerheft sind mit Modul 1 und Modul 12 zwei Teilmodule in besonderer Weise von dem Ziel bestimmt, den Schüler(inne)n im Sinne identitätsorientierter Literaturdidaktik Raum zu eröffnen, um ihre spezifischen thematischen Interessen und Fragestellungen zu artikulieren und für die Gestaltung des Unterrichts fruchtbar zu machen. Darüber hinaus sollen sie die Möglichkeit erhalten, die im Fortgang erarbeiteten Deutungen zum »Faust« im Horizont des eigenen Selbst- und Weltverhältnisses zu hinterfragen und zu applizieren.

Aber auch im Rahmen der anderen Teilmodule finden identitätsorientierte Prinzipien immer wieder Anwendung, um Schüler- und Sachorientierung zu einer fruchtbaren Verbindung zu führen. Solch eine Intention hat natürlich methodische Konsequenzen: Entscheidend ist Erkenntnisgewinnung auf dem Weg selbständigen Entdeckens. Dessen Resultate sind auf die eigenständige Erschließung eines Gegenstandsbereichs und ihre Verarbeitung in gemeinsamen Gesprächen durch die Schüler(innen) angelegt. Es geht um die Lebendigkeit selbst erworbenen Wissens und dessen reflexive Verarbeitung. Der Lehrerin bzw. dem Lehrer fällt in solchen Phasen vor allem eine moderierende Rolle zu.

## Der modulare Aufbau

Die im Rahmen der vorliegenden Erläuterungen für Lehrerinnen und Lehrer entwickelten Unterrichtsvorschläge orientieren sich thematisch an den Schwerpunkten, die den Materialienteil der Textausgabe (M) und das Schülerarbeitsheft (A) strukturieren. Die zahlreichen Text- und Bild-Quellen werden dabei didaktisch vernetzt und im Rahmen abgeschlossener Lernsequenzen – so genannten »Lernmodulen« – verarbeitet und aufeinander bezogen.

Die Wahl des Begriffs »Lernmodul« anstelle von »Unterrichtsstunde« ergibt sich aus konzeptionellen Entscheidungen. Ein Modul stellt eine funktionale Einheit dar, die in einem System komplett austauschbar ist. In diesem Sinne sollen auch die Lernmodule als Einheiten begriffen werden, die in sich geschlossen sind, sodass sie bei Bedarf aus dem Kontext einer Unterrichtssequenz herausgelöst werden können, ohne dadurch ihren Wert zu verlieren. So ergibt die hier vorgeschlagene Abfolge einzelner Lernmodule, die häufig durch Hausaufgaben »verlinkt« sind, eine sinnvolle, in sich abgeschlossene Unterrichts*reihe*, die aber nach eigenen Vorstellungen bzw. Schwerpunkten modifiziert werden kann. Das modulare Konzept ermöglicht es Lehrenden, sich sehr leicht einzelner Bausteine zu bedienen, um eine eigene didaktische Konzeption in geeigneter Weise zu ergänzen. Überdies ist das Modul-Konzept eine entscheidende Grundlage, um die entwickelten Unterrichtsideen sowohl in einem Deutschgrundkurs als auch in einem Deutschleistungskurs fruchtbar zu nutzen.

Ein weiterer Vorteil des Modulkonzepts besteht darin, dass in einem Lernmodul keine Festlegung auf eine bestimmte Anzahl von Unterrichtsstunden notwendig ist, die zur Realisierung notwendig sind bzw. zur Verfügung stehen. Das mag zunächst als Nachteil angesehen werden, ist jedoch ein Vorteil, wenn man bedenkt, dass Stundenentwürfe, zumal solche, die eine genaue Zeitvorgabe enthalten (»8.00–8.05 Einstieg«), in der Regel nicht einmal von demjenigen eingehalten werden können, der für die Planung verantwortlich zeichnet.

Das modulare Konzept trägt vor diesem Hintergrund dem Umstand Rechnung, dass aufgrund der individuellen Lehrstile und Lerngruppen feste Zeitvorgaben in der Regel unrealistisch sind. So ist es durchaus denkbar, dass Lehrer(in) A Lernmodul 4 in einer einzigen Stunde umsetzt, während Lehrer(in) B aufgrund anderer didaktischer Schwerpunkte, lerngruppenspezifischer Rahmenbedingungen bzw. methodischer Entscheidungen dazu 2 Stunden benötigt. Kurzum: Wie viele Unterrichtsstunden für die einzelnen Module konkret eingeplant werden müssen, wird jede(r) Lehrer(in) selbst nach einer Auseinandersetzung mit den jeweiligen Inhalten und Methoden entscheiden müssen bzw. können. Die in den Modulübersichten angegebenen Zeiten dienen deshalb lediglich als Orientierungspunkte und entbehren jeder Verbindlichkeit.

**Texte • Medien**
**Didaktische Analyse**

## Empfehlung: Erste Lektüre des Buches durch die Schüler(innen) vor dem Beginn der Unterrichtsreihe

Im Rahmen der vorliegenden Konzeption wird empfohlen, dass die Schüler(innen) Goethes »Faust« vor Beginn des ersten Lernmoduls einmal selbst zuhause vollständig gelesen haben, um eine themen- bzw. aspektorientierte Unterrichtsgestaltung zu ermöglichen. Der sukzessiven, an der Szenenabfolge orientierten Erstlektüre während der laufenden Unterrichtsreihe steht der Umstand entgegen, dass viele interessante Themenkomplexe im Buch nicht in einer linearen Abfolge zusammenhängend präsentiert werden, sondern in vielfältigen Nuancen an unterschiedlichen Stellen im Text. Die ausschließliche Orientierung der Unterrichtsinhalte an der Abfolge der einzelnen Szenen würde es z.B. unmöglich machen, den Stimmungs- und Einstellungswandel Fausts im ersten Teil des Dramas in einem abstrakten Zugriff zu untersuchen oder herauszuarbeiten, was Goethe den Leser(inne)n bzw. Zuschauer(inne)n seines Dramas in den einzelnen Szenen über die Gestalt des Mephisto enthüllt (vgl. insbesondere Modul 7 und 9).

Die modulare Struktur orientiert sich demgegenüber an dem Netzwerk »thematischer Fäden«, das den »Faust« durchzieht. Dabei werden Aspekte der Szenenabfolge und der Entstehungsgeschichte, die in sich schon keinesfalls deckungsgleich sind, mit übergeordneten Fragestellungen verknüpft, die das Drama in seiner inhaltlichen und formalen Exposition betreffen.

Wenn die Schüler(innen) den gesamten Text tatsächlich lesen sollen, bevor er im Unterricht eine Rolle spielt, können Leseaufträge helfen, die Rezeption bewusster und in ihren Ergebnissen nachhaltiger zu machen.

Zwei Arbeitsanregungen, die die Lektüre begleiten, können (alternativ oder sich ergänzend) zum Einsatz kommen.

---

*Arbeitsanregung 1: Lesetagebuch oder Portfolio*

Legen Sie ein Lesetagebuch oder Portfolio an und halten Sie darin zu jeder Szene Ihre Eindrücke, Fragen, Beobachtungen, Hypothesen etc. in Stichworten oder ganzen Sätzen fest. Damit Sie mit Ihren Notizen im Unterrichtsverlauf gut arbeiten können, sollten Sie auch Seitenzahlen und Zeilennummern oder wörtliche Zitate mit notieren.

---

*Arbeitsanregung 2: Markierungen im Text*

a) Während des Lesens sollten Sie Stellen im Text, die Ihnen besonders wichtig erscheinen, z.B. mit einem gelben Textmarker hervorheben. Zusätzlich könnten Sie oben auf der Seite einen den Inhalt oder den Zusammenhang erfassenden Oberbegriff (z.B. »Fausts Charakter«, »Mephisto«, »Religion«, »Sprachliche Besonderheit« usw.) ergänzen.

b) Textstellen, die in Ihrem Urteil im Unterricht zu klären oder intensiver zu behandeln sind, sollten Sie z.B. mit einem blauen Textmarker hervorheben. Unten auf der Seite könnten Sie dann Ihre Frage oder ein Stichwort zur Erinnerung notieren.

Die Unterrichtsreihe im Überblick

| Module | Inhalt | Textgrundlagen | Technische Medien/Materialien |
|---|---|---|---|
| Modul 1 | Schreibmeditation und Meta-Cluster | V. 1–4612 | Papierbahnen (1x2 m), Eddings, 100 DIN-A-Blätter |
| Modul 2 | Goethes Faust« im Horizont von Biografie und Werkgeschichte | • V. 1–4612<br>• M, S. 180–187/188–197<br>• A, S. 4–5 | • Folien und Folienstifte, PC/Netbook, PowerPoint, SymBoard, Beamer/Whiteboard |
| Modul 3 | Der historische »Faust« und seine Zeit | • V 1–4612<br>• M, S. 198–211/A, S. 8–10.<br>• Mahal (1980, S. 36 ff.) | • Folien und Folienstifte |
| Modul 4 | Volksbücher – Dramen – Puppenspiel. Die Faust-Tradition vor Goethe | • V 1–4612<br>• M, S. 212–223/A, S. 11 | • Folien und Folienstifte |
| Modul 5 | Gelehrtentragödie I: Fausts Eingangsmonolog | • V 354–601<br>• M, S. 234–236<br>• A, S. 17–18 | • Hörfassungen von Gründgens (1954), Netschájew (2000) oder Günther (2002)<br>• Inszenierungsausschnitte von Gründgens (1960), Dorn (1987) und Stein (2000) auf der T.M-DVD<br>• Folien und Folienstifte, PC/Netbook, PowerPoint, SymBoard, Beamer/Whiteboard |
| Modul 6 | Der dreifache Rahmen I: »Zueignung« und »Vorspiel auf dem Theater« | • V 1–242<br>• M, S. 224–225<br>• A, S. 12–13 | • Die »Zueignung« als Audio-CD-Fassung von Netschájew (2000) oder Günther (2002)<br>• Die »Zueignung« in den Inszenierungen von Dorn (1987) und Stein (2000) auf DVD<br>• Folien und Folienstifte |
| Modul 7 | Der dreifache Rahmen II: »Prolog im Himmel« | • V. 243–353<br>• M, S. 224–233<br>• A, S. 14–16 | • Hörfassungen von Gründgens (1954/2004); Netschájew (2000) oder Günther (2002)<br>• Inszenierungsausschnitte von Gründgens (1960), Dorn (1987) und Stein (2000) auf der T.M-DVD<br>• Folien und Folienstifte, PC/Netbook, PowerPoint, SymBoard, Beamer/Whiteboard |

**Texte • Medien**

**Didaktische Analyse**

| Module | Inhalt | Textgrundlagen | Technische Medien/Materialien |
|---|---|---|---|
| Modul 8 | Gelehrtentragödie II: Innere und äußere Stationen zum Pakt bzw. zur Wette | • V. 602–807<br>• M, S. 238 f.<br>• A, S. 20–21 | • Hörfassungen von Gründgens (1954), Netschájew (2000) und Günther (2002)<br>• Folie und Folienstifte |
| Modul 9 | Fausts Philosophie der Tat und seine Übereinkunft mit Mephisto. | • V. 1178–2072<br>• M, S. 214–218, 221–222 und 240<br>• A, S. 19–21<br>• Freud (1924) und Jung (1939) | • Hörtextfassungen von Netschájew (2000)<br>• Folien und Folienstifte |
| Modul 10 | Gretchentragödie I: Von Auerbachs Keller bis zur ersten Begegnung von Faust und Margarete | • V. 2073–2864<br>• M, S. 241–243<br>• A, S. 22–23 | • Hörfassungen von Gründgens (1954), Netschájew (2000) oder Günther (2002)<br>• Inszenierungsausschnitte von Gründgens (1960), Dorn (1987) und Stein (2000) auf der T.M-DVD<br>• Folien und Folienstifte, PC/Netbook, PowerPoint, SymBoard, Beamer/Whiteboard |
| Modul 11 | Gretchentragödie II: Stationen auf dem Weg zur Katastrophe | • V. 2865–4612<br>• M, S. 242–246<br>• A, S. 24–26 | • PC/Netbook, PowerPoint, SymBoard, Beamer/Whiteboard; Folien und Folienstifte |
| Modul 12 | Rezeption und mediale Gestaltung – literarische bzw. ästhetische Urteilskompetenz | • V. 1–4612<br>• M, S. 180–181<br>• A, S. 4–31 | • Gründgens (1960), Dorn (1987) und Stein (2000)<br>• PC/Netbook, PowerPoint, SymBoard, Beamer/Whiteboard (www.medid.de), Folien und Folienstifte |

## Modul 1: Einstieg in die Unterrichtsreihe

| Thema | Schreibmeditation und Meta-Cluster |
|---|---|
| Texte – Medien | • V. 1–4612<br>• Papierbahnen<br>• Eddings<br>• 100 DIN-A4-Blätter |
| Ziele | • Bewusstwerdung, Artikulation und Reflexion der ersten Rezeptionseindrücke zu Goethes »Faust I«<br>• Formulierung von Interessenschwerpunkten für die Behandlung des Dramas<br>• Gemeinsame Planung der Unterrichtsreihe |
| Methoden – Arbeitsformen | • Schreibgespräch über Goethes »Faust I«<br>• Vorstellung und (metareflexive) Diskussion der Arbeitsergebnisse im Plenum<br>• Meta-Cluster zur Reihenplanung |
| Zeit | 2–3 Stunden |
| Hausaufgaben | • Vorbereitend: Lektüre des Textes (V. 1–4612) |

### Vorüberlegungen

Aufgabe des Moduls ist es, den Schüler(inne)n im Sinne einer identitätsorientierten Zielsetzung Raum zu geben zur Artikulation und Reflexion ihrer ersten Rezeptionseindrücke zu Goethes »Faust I«. Damit sollen die genuinen Interessenschwerpunkte und Fragehorizonte der Schüler(innen) ermittelt und für den weiteren Unterrichtsprozess fruchtbar gemacht werden. Zu diesem Zweck kommen zwei spezifische Unterrichtsarrangements zum Einsatz – die Schreibmeditation und das Meta-Cluster.

### Vorbereitung und Einstieg

Zum Einstieg in die Unterrichtsreihe über Goethes »Faust I« bietet sich ein Verfahren an, das **Schreibgespräch** genannt wird. Dabei handelt es sich um eine in Kleingruppen schweigend durchgeführte schriftliche Interaktion, die sich bereits in unterschiedlichen thematischen Zusammenhängen in der Praxis bewährt hat (vgl. z. B. Frederking 1999, S. 66 ff.; S. 365). Ideal ist eine Doppelstunde.

Der Arbeitsauftrag findet sich im Detail im Schülerarbeitsheft (A, S. 7). Er fungiert als Impulsgeber für eine erste subjektive Annäherung der Schüler(innen) an zentrale Aspekte des Buches. Zur Durchführung sollten Gruppen von 4 bis 6 Schüler(inne)n gebildet werden. Jede Gruppe sollte 2 Doppel- bzw. 4 Einzeltische in Rechteckform zusammenstellen, sodass sie von allen Seiten gut zugänglich sind. Die Stühle sind aus diesem Grund nach Möglichkeit in einer Ecke oder am Rand des Raumes zu platzieren, damit sie die Arbeit der Gruppe nicht stören und die zusammengestellten Tische und die darauf befindlichen Papierbahnen von allen Seiten frei zugänglich sind. Innerhalb der Gruppe sollten Eddings bzw. dicker schreibende Stifte in unterschiedlichen Farben verteilt werden, sodass jede(r) Schüler(in) einen Stift in eigener Farbe zur Verfügung hat.

Wie im Arbeitsauftrag im Arbeitsheft (A, S. 7) abgedruckt, sollten in Rautenform auf ein DIN-A-1 Plakat (oder die Rückseite einer 1 x 2 m großen Tapetenbahn) die Worte »Faust«, »Herr«, »Mephisto« und »Gretchen« und in der Mitte als assoziativer Bezugspunkt das Wort »ich« geschrieben werden, um eine auf die Schlüsselgestalten des Dramas, ihr Handeln, ihre Motive, ihr Verhältnis zueinander etc. ausgerichtete Reflexion anzuregen. Auf dieser Grundlage nehmen die Schüler(innen) noch vor jeder systematischen gemeinsamen Erarbeitung individuelle Positionierungen vor, die für die weitere Unterrichtsgestaltung wichtige Impulse und Anregungen liefern können.

Alternativ zu den genannten personenbezogenen Schlüsselworten können aber auch Begriffe gewählt

**Texte . Medien**
Didaktische Analyse

werden, die einerseits die Gesamtheit des Rezeptionsprozesses in den Blick nehmen und andererseits Fragen der Unterrichtsgestaltung metareflexiv in den Fokus rücken. Bewährt haben sich z. B. »Goethes Faust«, »Ich«, »Gegenwart« und »unser Unterricht«, die ebenfalls rautenförmig auf einer Papierbahn als Schlüsselbegriffe notiert werden (vgl. Frederking 1999, S. 365).

Die Arbeitsaufträge im Arbeitsheft (A, S. 7), lassen deutlich werden, wie die stummen Schreibdialoge ablaufen (sollen). Um störende Nachfragen während der stillen Schreibgespräche zu vermeiden, empfiehlt es sich, die komplexen Anweisungen für die Schüler(innen) während der gesamten Arbeitsphase auf einer Folie zu präsentieren.

Nachdem die Schüler(innen) etwa fünfundzwanzig bis dreißig Minuten lang ihre Assoziationen, Ideen, Fragen etc. im Medium der Schrift und dennoch dialogisch notiert und diskutiert haben, sollten sie die Möglichkeit erhalten, ihr Schweigen zu brechen und sich gruppenintern über ihre Schreibgespräche auszutauschen. Auf dieser Basis können in der Folgestunde (2. Stunde) die interessantesten Aspekte der schriftlichen Diskussionen durch die einzelnen Gruppen im Stuhlkreis vorgestellt und diskutiert werden.

**Schreibgespräche und Diskussion**
Nachdem die Schüler(innen) im Rahmen des Schreibgespräches ihr subjektives Vorverständnis artikuliert und in einem ersten Zugriff gemeinsam diskutiert haben, ermöglicht das so genannte **Meta-Cluster** in der 3. Stunde der Sequenz die Bündelung der wichtigsten Aspekte mit dem Ziel einer gemeinsamen Planung der gesamten Unterrichtsreihe.

a) Zunächst werden ca. 70–100 DIN-A4-Blätter in der Lerngruppe ausgeteilt (eine größere Zahl ist in einem normalen Klassenraum nicht zu verarbeiten). Jede(r) Schüler(in) erhält also maximal 3–4 leere Blätter – verbunden mit der Bitte, vor dem Hintergrund der Schreibgespräche und der anschließenden mündlichen Diskussionen in der Gruppe bzw. im Plenum jene Aspekte, Themen, Probleme, Fragen, Thesen usw. zu notieren, deren Reflexion, vertiefende Aufarbeitung und Diskussion innerhalb der Unterrichtsreihe als besonders wichtig erachtet werden.

Je ein Aspekt sollte mit Edding gut lesbar auf je einem Blatt notiert werden. In einem Stuhlhalbkreis sollen diese auf den Blättern von den Schüler(inne)n notierten individuellen Interessenschwerpunkte bzw. Verfahrenswünsche anschließend vorgestellt und nach inhaltlichen Übereinstimmungen geordnet werden. Ein(e) Schüler(in) beginnt, die von ihr notierten Aspekte vorzustellen, zu erläutern und die dazugehörigen Blätter auszulegen. Die anderen Mitschüler(innen) verfahren anschließend genauso: Nach der Vorstellung und Erläuterung ihrer auf den Zetteln notierten Interessen- bzw. Themenschwerpunkte und Fragen ordnen sie anschließend ihre Zettel den bereits ausliegenden Blättern auf dem Boden zu, sofern es inhaltliche Entsprechungen gibt. Blätter mit inhaltlich völlig neuen Aspekten werden an einer anderen freien Stelle auf dem Boden platziert.

Nachdem auf diese Weise auf dem Boden des Raumes ein clusterähnliches Gebilde aus ermittelten Vorstellungen, Erwartungen, Wünschen und Ideen für die Gestaltung der Gesamtreihe entstanden ist, werden alle ausgelegten Karten nummeriert. Die Anordnung der Nummern wird anschließend per Digitalkamera festgehalten oder auf einem Blatt entsprechend ihrer räumlichen Anordnung notiert. Zu Hause werden die auf den einzelnen Blättern notierten Aspekte entsprechend ihrer über die Nummern zu rekonstruierenden Zuordnung in einem Textverarbeitungsprogramm auf zwei Seiten transkribiert (von Schüler(inne)n oder von der Lehrperson). Am nächsten Tag können diese beiden Seiten, die die Gesamtheit der Fragen und Interessenschwerpunkte der Schüler(innen) wiedergeben, im Klassensatz kopiert und an die Schüler(innen) ausgehändigt werden. Im Fortgang können diese Metacluster als Grundlage für die gemeinsame Planung des weiteren Vorgehens im Unterricht dienen, auf die immer wieder zurückgegriffen werden kann.

## Modul 2: Goethes »Faust« im Kontext von Biografie und Werkgeschichte

| Thema | Goethes »Faust« im Horizont biografischer und werkgeschichtlicher Aspekte |
|---|---|
| Texte – Medien | • M, S. 180–187 und S. 188–197<br>• Boerner 1964; Michel 1982<br>• A, S. 4–5<br>• Ergebnisfolien, Plakate, PowerPoint o.Ä. für die Gruppen<br>• PC/Netbook, PowerPoint, SymBoard oder Beamer/Whiteboard |
| Ziele | • Selbstständige Erarbeitung biografischer und werkgeschichtlicher Hintergründe zu Goethes »Faust« |
| Methoden – Arbeitsformen | • Themendifferenzierte Gruppenarbeit<br>• Präsentation, Reflexion und Diskussion im Plenum |
| Zeit | 2–3 Stunden |
| Hausaufgaben | Vorbereitend:<br>• Lesen der biografischen und werkgeschichtlichen Daten (M, S. 180–187)<br>• Lesen der Synopse zur Entstehungsgeschichte und der Äußerungen Goethes zum »Faust« (M, S. 188–196) |

### »Faust« im Kontext von Goethes Leben und Werk

Auch wenn der Einstieg in die Auseinandersetzung mit einem literarischen Text über Autor und Werk in größeren Teilen der Literaturwissenschaft immer noch verpönt ist, weil der Autorbezug generell als problematisch eingeschätzt wird – auf Roland Barthes (1967) geht die Rede vom »Tod des Autors« als Ausgangspunkt für die »Geburt des Lesers« zurück –, hat sich in der Literaturwissenschaft gegen die Tabuisierung des Autors seit etwas mehr als einem Jahrzehnt Widerstand formiert. Dazu Fotis Jannidis, Gerhard Lauer, Matias Martinez und Simone Winko (1999c):

»Unter den Stichworten ›Tod des Autors‹ und ›intentionaler Fehlschluss‹ hat die Theoriedebatte den Autor als Begriff und als Konzept der Bedeutungsermittlung für obsolet erklärt. Wer sich auf den Autor beruft, setzt sich dem Verdacht der theoretischen Naivität aus. Der Verabschiedung des Autors steht eine Interpretationspraxis gegenüber, die legitime Verwendungsweisen des Autorkonzepts immer wieder demonstriert. Die Diskrepanz zwischen Theorie und Praxis deutet an, dass die theoretische Reflexion über den Autor zentralen Formen des wissenschaftlichen Umgangs mit literarischen Texten nicht gerecht wird und eine differenzierte [...] Analyse des Phänomens Autor noch nicht geleistet ist.«

Was die Forschergruppe hier in Bezug auf den theoretischen Klärungsbedarf anmahnt, hat weit reichende Konsequenzen für den Umgang mit literarischen Texten auf wissenschaftlicher Ebene wie für schulische Lehr-Lern-Situationen. Tatsächlich demonstriert nicht nur »die Praxis der Interpretation(en) literarischer Texte [...] legitime, ja notwendige Verwendungsweisen des Autorbegriffs, die von der Theoriediskussion nicht angemessen wahrgenommen werden« (Jannidis/Lauer/Martinez/Winko 1999b, S. 4). Auch für die schulische Praxis gilt, dass sich der Rückbezug auf den Autor als Erkenntnis vertiefend erweisen kann. Je größer der Zeitabstand und die damit verbundenen Alteritätserfahrungen, desto größer ist oft das Interesse der Schüler(innen), von sich aus zu klären, wie ein Autor auf solch ein Werk gekommen ist, aus welcher Zeit er stammt, welche Lebensumstände und welche kulturellen, politischen und gesellschaftlichen Rahmenbedingungen ihn geprägt haben etc. Goethes »Faust« ist hierfür sicherlich ein Musterbeispiel – für das Klärungsbedürfnis der Schüler(innen) wie für die Fruchtbarkeit der damit verbundenen vertiefenden Verstehensmöglichkeiten (vgl. Frederking 1999, S. 366f.).

Gleich, ob die Beschäftigung mit den biografischen und werkgeschichtlichen Hintergründen von Goethes

**Texte • Medien**
**Didaktische Analyse**

»Faust« im Anschluss und als Ergebnis der Schreibmeditation und des Meta-Clusters erfolgt (Modul 1; vgl. Frederking 1999, S. 365) oder auf die Anregung des Lehrers bzw. der Lehrerin zurückgeht, empfiehlt es sich, Schüler(inne)n diese Implikationen des berühmtesten deutschsprachigen Dramas zugänglich zu machen.

Dies kann in individueller Form z. B. im Rahmen einer Hausarbeit geschehen, deren Ergebnisse im Plenum diskutiert werden. Die Arbeitsanregungen 1 und 2 im Materialienteil (M, S. 197) stellen dazu Möglichkeiten dar, zwischen denen die Schüler(innen) wählen können.

Etwas zeitaufwändiger, dafür aber sehr viel umfassender, ist die Auseinandersetzung mit den biografischen und werkgeschichtlichen Zusammenhängen von Goethes »Faust« in themendifferenzierten arbeitsteiligen Gruppen. Zu Beginn der Stunde könnten die im Materialienteil abgedruckte Aufstellung über biografische und werkgeschichtliche Daten (M, S. 180–187) und die Dokumente von Zeitgenossen Goethes (A, S. 4–5) bzw. zur Entstehungsgeschichte des »Faust« (M, S. 188–197) gemeinsam besprochen werden. Die systematische Erarbeitung des Themenkomplexes kann dann auf Basis einschlägiger Fachliteratur (vgl. z. B. Boerner 1964; Michel 1982; Conrady 1999) erfolgen. Bewährt hat sich die Bildung von neun Arbeitsgruppen zu neun Kapiteln (zu je ca. 10–17 Seiten) der Rowohlt-Monographie (Boerner 1964, S. 10–123), um Leben und Werk Goethes in wesentlichen Aspekten aufzuarbeiten:

1. Kindheit und Jugend
2. Studienjahre
3. Sturm und Drang
4. Das erste Jahrzehnt in Weimar
5. Italienische Reise
6. Evolution statt Revolution
7. Freundschaft mit Schiller
8. Die napoleonischen Jahre
9. Der Weltbürger

Zusätzlich sollten alle Gruppen das Schlusskapitel aus Boerners Biografie (1964, S. 125–136), das sich ausschließlich mit Goethes fast lebenslänglicher Auseinandersetzung mit dem »Faust«-Stoff beschäftigt, in ihre Arbeit mit einbeziehen und im Hinblick auf die von ihnen aufbereitete Lebensphase auswerten.

Als Orientierungsgrundlage für die Arbeit der Gruppen können gemeinsam mit den Schüler(inne)n entwickelte Parameter fungierten (z. B. Jahr, biografisches Ereignis/Tätigkeit, Schriften allgemein, Entstehungsphase des »Faust«). Zu diesen Parametern stellen die einzelnen Gruppen auf Folien, Plakaten, im Rahmen von Powerpoint, SymBoard o. Ä. Informationen aus den genannten Übersichten und Sammeldarstellungen (vgl. M S. 180–187 und 188–197; A, S. 4–5; Boerner 1964; Michel 1982; Conrady 1999), aus weiterer Fachliteratur oder aus dem Internet zusammen und bereiten sie anschaulich auf.

Der Vorschlag, sämtliche Arbeitsergebnisse im Klassen- bzw. Kurssatz zu vervielfältigen und in einer Mappe, einem Buch oder einer Internetumgebung zu bündeln, um sie im wissenschaftspropädeutischen Sinne auch in der Klausur oder zur Vorbereitung auf das Abitur heranziehen zu können, wird die Motivation der Schüler(innen) erheblich steigern – sowohl im Hinblick auf die Erstellung der Gruppenergebnisse als auch in Bezug auf die Präsentation und Diskussion der Arbeitsergebnisse im Plenum. Denn weil die Ergebnisse im Fortgang des Unterrichts und im Rahmen von Leistungsüberprüfungen unmittelbare Verwendung finden, wird jede Gruppe im Normalfall stärker darum bemüht sein, die Informationen ebenso zutreffend wie transparent aufzubereiten, weil sie dies aus eigenem Interesse von den anderen Gruppen in gleicher Weise erwartet. Darüber hinaus wird das Plenum intrinsisch motiviert die Darstellung jeder Gruppe verfolgen und gegebenenfalls inhaltliche Nachfragen stellen, Klärungen anmahnen, um Präzisierungen bitten etc. Denn ein möglichst optimales Ergebnis ist im Interesse der gesamten Lerngruppe.

## Modul 3: Der historische »Faust« und seine Zeit

| Thema | Der historische »Faust« und seine Zeit |
|---|---|
| Texte – Medien | • M, S. 198–211<br>• A, S. 8–10<br>• Mahal 1980, S. 36 ff.<br>• OHP-Folien und Folienstifte |
| Ziele | • Erarbeitung geistes- und motivgeschichtlicher Hintergründe von Goethes »Faust«<br>• Sensibilisierung für einen kritischen Umgang mit Sachinformationen und vermeintlich sicheren Wissensbeständen<br>• Selbstständige Rezeption, Interpretation, Bewertung und Präsentation von Sachinformationen |
| Methoden – Arbeitsformen | • Einzel- bzw. Partnerarbeit zur Sichtung der Faust-Biografie<br>• Kurze Diskussion im Plenum<br>• Gruppenarbeit zur Sichtung und Auswertung historischer Quellen zum Faust<br>• Einzel- und Partnerarbeit zu geistesgeschichtlichen Materialien zum ausgehenden Mittelalter bzw. zur Renaissance |
| Zeit | 1–3 Stunden |
| Hausaufgaben | • Vorbereitend: Lektüre der Faust-Biografie (M, S. 198–200)<br>• Nachbereitend zur 1. Stunde: »Der Seelen Wurzgarten« von Conrad Dinckmut aus dem Jahre 1483 (A, S. 9–10) |

**Einstieg: Faust-Biografie**

Um Schüler(innen) mit den umfassenderen geistes-, motiv- und rezeptionsgeschichtlichen Implikationen von Goethes »Faust« bekannt zu machen, ist die Beschäftigung mit der historischen Faust-Gestalt und deren zeit- und ideengeschichtlichen Prägungen unverzichtbar. Literaturwissenschaftlich wird damit eine diskursanalytische Herangehensweise gewählt, insofern für die Schüler(innen) geistes- bzw. ideengeschichtliche Diskurse ins Blickfeld treten, die Goethe im »Faust« literarisch verarbeitet hat.

Zum Einstieg bietet sich die biografische Aufstellung an, die den Schüler(inne)n im Materialienteil zur Verfügung steht (M, S. 198–200) und die von ihnen vorbereitend als Hausaufgabe gelesen werden könnte. Hier sind wesentliche Daten über den historischen Faust zusammengestellt, jenes wahrscheinlich um 1480 in Knittlingen geborenen und um 1540 in Staufen im Breisgau gestorbenen Alchemisten, Astrologen und »Magus« der Naturheilkunde, die sich auf der Grundlage von Quellen relativ sicher rekonstruieren lassen. In Erscheinung tritt das Bild eines Mannes, das ambivalenter kaum sein könnte. Tatsächlich wurde der historische Faust von seinen Zeitgenossen mit einer Mischung aus Bewunderung, Neid, Verachtung und Furcht wahrgenommen.

**Quellen-Dokumente zum historischen Faust**

Dieser erste, vor dem Hintergrund der biografischen Daten entstehende Eindruck kann auf der Grundlage zeitgenössischer Urteile über den historischen Faust überprüft bzw. präzisiert werden. Einige wichtige Quellendokumente sind im Materialienteil enthalten (M, S. 201–204). Zu nennen ist hier zum einen das Schlüsseldokument der Faust-Kritik, der von Johannes Trithemius 1507 verfasste und an Johann Virding in Heidelberg adressierte Brief, der später vervielfältigt und als eines der ersten »Flugblätter« des Mittelalters sehr einflussreich wurde, weil er das Faust-Bild über Jahrhunderte prägte (M, S. 201 f.; vgl. Mahal 1980). Dabei lässt sich der Trithemius-Brief als Dokument eines printmedial inszenierten Rufmordes verstehen, insofern ein durch eigene Interessen des Schreibers motivierter Brief durch das neue Medium

**Texte • Medien**
**Didaktische Analyse**

»gedruckter Text« eine massenmediale Verbreitung findet und den historischen Faust an den printmedialen Pranger stellt. Andere Quellen wie die Kammerrechnung des Fürstbischofs Georg III. von Bamberg aus dem Jahre 1520 oder der »Index sanitatis« des Kanonikers Philipp Begardi aus dem Jahre 1539 vermitteln demgegenüber ein sehr viel differenzierteres und überwiegend sehr positives Bild des historischen Faust (vgl. M, S. 203 f.).

Ergänzt werden können diese Quellen durch weitere zeitgenössische Dokumente, die Günther Mahal (1980, 36 ff.; vgl. auch 1997) zusammengestellt hat: z. B. zwei Protokolle des Ingolstädter Rates (1528), eine Verfügung des Nürnberger Rates (1532), überlieferte Äußerungen von Martin Luther oder Agrippa von Nettesheim usw. In themendifferenzierten Gruppen können alle genannten Dokumente in ihren Kernaussagen erarbeitet und im Hinblick auf das vermittelte Faust-Bild ausgewertet werden. Die Arbeitsanregungen 1 und 2 machen dazu gezielte Vorschläge (M, S. 211). Vor diesem Hintergrund gewinnt jenes »überaus ambivalente Faust-Bild an Kontur, das sich im Urteil der Zeitgenossen herausgebildet hatte und dessen Spektrum vom Wunderheiler, geachteten Arzt und Alchemisten bis zum ›Schwarzkünstler‹ und ›Teufelsbünder‹ reichte« (Frederking 1999, S. 368).

**Mittelalterliche Wertewelt und Teufelsglauben**
Bewährt hat es sich, vor diesem Hintergrund den geistesgeschichtlichen Kontext, in dem sich Faust bewegte, in einigen Grundlinien zu erarbeiten (vgl. dazu auch M, S. 211, Arbeitsanregung 3). Auf der einen Seite ist hier die mittelalterliche Gedankenwelt zu nennen, die vor allem die Kritiker Fausts geprägt hat. Im Arbeitsheft steht dazu mit dem Bild »Der Seelen Wurzgarten« von Conrad Dinckmut aus dem Jahre 1483 (A, S. 9–10) ein sehr interessantes Dokument zur Verfügung, weil hier die kirchlich geprägte Vorstellung von den sieben Todsünden bildlich dargestellt und textlich erläutert wird. Die gründliche Erarbeitung des Bild- und Textmaterials kann als Ausgangspunkt für eine spezifische Anwendung der ins Bild gesetzten Wertewelt genutzt werden. Indem die Schüler(innen) prüfen, wie Arbeitsanregung 2 vorschlägt (A, S. 9), welche Todsünden Faust in den zuvor behandelten historischen Dokumenten vorgeworfen werden – allen voran bei Johannes Trithemius –, wird erkennbar, dass Faust ganz offenbar ein Bruch mit fast allen moralisch-sittlichen Tabus der mittelalterlichen Wertewelt vorgeworfen wurde. Denn tatsächlich finden sich die meisten der sieben Todsünden in den Vorwürfen der Faust-Kritiker.

Vervollständigen lässt sich der Einblick in die für das Verständnis der Faustgestalt und ihre Wirkung so zentrale mittelalterliche Gedankenwelt durch die Auseinandersetzung mit zeitgenössischen kirchlichen Vorstellungen von Himmel und Hölle (vgl. Jezler 1994) oder Hintergrundinformationen zum Teufelsglauben, wie sie die Darstellung von Theodor Friedrich und Lothar J. Scheithauer in pointierter Form bietet (vgl. Friedrich/Scheithauer 1959, 10 ff.; s. S. 17 f.). Auf dieser Basis können sich den Schüler(inne)n neue Perspektiven im Hinblick auf die historischen Stellungnahmen von Zeitgenossen zu Faust eröffnen.

**Alchemie, Naturmagie und Renaissance-Philosophie**
Während die mittelalterliche Geisteswelt vor allem eine Deutungsfolie für die zeitgenössischen Reaktionen darstellt, wird das Verständnis des historischen Faust selbst vor allem durch Zeitsignaturen erleichtert, die für die Renaissance kennzeichnend sind. Diesen Spuren nachzugehen erleichtert Schüler(inne)n das Verständnis auch und gerade von Goethes literarischer Deutung des Faust. Denn Goethes Faust ist der geradezu idealtypische Vertreter der Renaissance. Dass Goethe damit wesentliche Aspekte der historischen Gestalt erfasst hat, zeigt ein genauerer Blick auf wesentliche geistesgeschichtliche Ausprägungen der Epoche.

Zunächst ist hier die magische Naturphilosophie zu nennen, die zwischen 1450 und 1650 neben Scholastik und Naturwissenschaft zu den maßgeblichen Einflusskräften im geistigen Ringen jener Umbruchsperiode gezählt hat. Die schematische Darstellung im Materialienteil und die damit verbundenen Erläuterungen (M, S. 204 f.) eröffnen Schüler(inne)n einen ersten Zugang.

Vertieft werden kann dieser durch die Deutung, die Erich Trunz mit Bezug auf einen berühmten Zeitgenossen des historischen Faust vorgenommen hat: des naturheilkundig wirkenden Arztes und magischen Naturphilosophen Paracelsus (M, S. 206 f.). In der im

Materialienteil enthaltenen Analyse von Trunz wird erkennbar, dass sich der historische Faust als Geistesverwandter des Paracelsus verstehen lässt. Damit rückt der erweiterte ideengeschichtliche Horizont ins Blickfeld, in dem sich der historische Faust bewegt hat.

Zugleich wird ein spezifischer Deutungsansatz im Hinblick auf Goethes literarische Adaption des Stoffes erkennbar. Denn Goethes Faust ist der Prototyp eines Renaissance-Gelehrten, der die ausgetretenen Pfade der etablierten wissenschaftlichen Bezugssysteme von Scholastik, Naturwissenschaft etc. verlässt (»Habe nun, ach! Philosophie, Juristerei und Medizin und leider auch Theologie durchaus studiert mit heißem Bemühn«, V. 354 ff.), um sich bewusst den Erkenntnismöglichkeiten magischer Naturphilosophie zu öffnen (»Drum hab' ich mich der Magie ergeben, / Ob mir durch Geistes Kraft und Mund / Nicht manch Geheimnis würde kund« V. 377 ff.). Worauf Goethe mit diesen Versen inhaltlich abhebt, deutet Trunz mit dem Rekurs auf Paracelsus an.

Für die Schüler(innen) wird die damit ins Blickfeld tretende naturmystische Gedanken- und Vorstellungswelt inhaltlich noch fassbarer in den beiden Auszügen aus Texten von Paracelsus selbst (M, S. 207 f.). Arbeitsanregung 4 verdeutlicht eine mögliche Nutzung im Unterricht (M, S. 211).

Mit den abgedruckten Passagen aus der Naturphilosophie Sir Isaac Newtons und den Analysen des Wissenschaftshistorikers Morris Berman (M, S. 208 f. bzw. 209 f.) wird die umfassendere Reichweite des naturmagischen Paradigmas erkennbar. Denn Berman zeigt, dass Newton zwar als das herausragende »Symbol für die westliche Wissenschaft« verstanden werden muss und seine »Principia als Dreh- und Angelpunkt des wissenschaftlichen Denkens der Neuzeit« gelten (M, S. 209), seine Schriften selbst aber »übervoll von Begriffen aus der Alchemie« (M, S. 210) und der okkulten Tradition sind. Tatsächlich hat sich Newton in seinen letzten Lebensjahrzehnten vor allem mit alchemistischen und naturmystischen Schriften befasst – und ist damit den Weg gegangen, den Goethe seinen Faust im Eingangsmonolog beschreiten lässt: sich der Magie ergeben um zu erkennen, » ... was die Welt / Im Innersten zusammenhält« (V. 382 f.).

Dass Goethe mit dieser Figurenzeichnung zugleich sehr viel von den Motiven des historischen Faust verstanden hat, deuten die im Arbeitsheft (A, S. 8) zugänglichen Informationen und Erläuterungen von Günther Mahal zur Sator Arepo-Formel an, die im (wahrscheinlichen) ehemaligen Wohnhaus des historischen Faust in Knittlingen auf einem in einem Astloch in einer Türschwelle versteckten Pergamentzettel entdeckt wurde – neben alchemistischen Zeichen und Symbolen. So wie Goethes Faust auf magische Rituale (Salomonis Schlüssel) und Schutzzeichen (Pentagramm) bei der Verwandlung des Pudels (V. 1249 ff.) und der ersten Begegnung mit Mephisto (V. 1393 ff.) zurückgreift, hat sich der historische Faust offenbar dieser seit der Antike bekannten Schutzformel bedient, um sich vor bösen Kräften zu schützen. Dabei sind die Übersetzungsmöglichkeiten der Sator-Arepo-Formel durchaus vielfältig, wie Günther Mahal zeigt (A, S. 8). In jedem Fall aber diente sie als Schutz vor dunklen Mächten, ein Aspekt, der Zweifel an der Richtigkeit des unter Zeitgenossen verbreiteten Bildes vom Schwarzkünstler Faust verstärkt.

Theodor Friedrich/Lothar J. Scheithauer
**Der Geistesgeschichtliche Kontext des Teufelsglaubens** (1991)

Die größte Rolle [...] spielte der Teufelsglaube in den Jahrhunderten des Übergangs vom Mittelalter zur N e u z e i t. Auch in dieser Zeit bezog der Volksglaube alles Unheimliche ohne weiteres auf Teufel und Hölle. Genährt wurde diese Vorstellung noch durch die Kirche, die alles ihren Lehrsätzen oder Bräuchen sich Widersetzende auf satanischen Ursprung zurückführte und es unter solchem Gesichtspunkt bis auf den Tod bekämpfte. Aber auch der Kampf gegen die andersgläubige Kirche stand unter diesem Glauben: Luther, vom Dasein und Wirken eines persönlichen Teufels fest überzeugt, sah schließlich im Papst den leibhaftigen Antichrist. Seine Anhänger folgten ihm hierin, und so ist es nicht auffällig, wenn gerade in protestantischen Kreisen der Teufel gern in der Mönchskutte dargestellt wurde. Auf der anderen Seite hielten viele Verteidiger der katholischen Kirche die Reformation für Teufelswerk.

**Texte • Medien**
**Didaktische Analyse**

Auch die Renaissance und der H u m a n i s m u s gaben dem Aberglauben frische Nahrung. Schon das Streben nach der Welt des griechischen Altertums, das ja der damaligen Frömmigkeit als heidnisch galt, schien verdächtig. Dass die Humanisten ihre Weisheit aus Büchern mit griechischen, ja hebräischen Schriftzeichen schöpften, machte sie auch den nur des Lateins, und zwar nur des mittelalterlichen Lateins kundigen Durchschnittsgelehrten unheimlich. Allein die neue Wissenschaft dachte bei ihrem Ruf »Zu den Quellen!« keineswegs nur an Bücher. Wenn die meisten auch im Gedruckten und Geschriebenen ihr Genüge fanden, die andern drängte es nach unmittelbarer E r f a h r u n g.

Wir haben somit einerseits das Jahrhundert der fahrenden Gelehrten und Schüler, anderseits das der Alchimisten, die in geheimer Küche Stoffe verschiedenster Art am Feuer mischten und wieder mischten, um den Stein der Weisen und damit das Geheimnis des Goldmachens zu finden oder aus totem Gestein künstlich Leben entstehen zu lassen. Ebenso versuchten die Sterndeuter aus dem Stand und der Bewegung von Gestirnen Menschenschicksale abzulesen. Wir wissen wohl, dass in jenen Jahrhunderten die heutige Heilkunde und Heilmittellehre, die Chemie sowie die gegenwärtige Sternwissenschaft ihre Wurzeln haben. Damals jedoch vermengte sich durchaus richtig Beobachtetes mit Eingebildetem; in einfach gesetzmäßige Vorgänge wurde ein tiefer Sinn hineingedeutet; vor allem wurde alles unmittelbar auf den Menschen, auf sein Schicksal, sein Wünschen, seine Lebenssteigerung bezogen. Der Erkenntnisdrang übersprang das Nächst- und Zwischenliegende, jede Einzelerscheinung sollte sofort den Urgrund des Weltgeschehens offenbaren; und noch mehr als zur geschlossenen Reihe von Ursache und Wirkung und mehr als zum gegliederten Aufbau des Wissens drängte das Denken zur Wesensschau. Diese aber war durchaus von dem wiedererwachten neuplatonischen Denken sowie von der jüdischen Kabbala beeinflußt. Man sah im Weltall und seinen Vorgängen die Äußerungen übersinnlicher, gottgearteter Vernunftwesen. So diente nicht nur die Philosophie, sondern auch die angewandte Wissenschaft vorwiegend der Sinndeutung der Welt und der durch sie bestimmten Schicksale des Menschen. Das ideologische Interesse der mächtigen Kirche konnte die Philosophie zur Magd der Theologie erklären und zog eine scharfe Grenze zwischen »schwarzer« und »weißer Magie«.

Die Wissenden jener Tage betonten den Einklang ihrer Lehren und ihres Tuns mit der Kirchenlehre und lehnten als »weiße« Magier jede Gemeinschaft mit der »schwarzen« Kunst ab. Sie konnten aber nicht verhindern, dass das Volk sie beargwöhnte und die Geister, an die sie selbst wohl auch glaubten, für deren Lauterkeit sie sich aber verbürgten, mit der Welt des Teufels in Verbindung brachte. So mußte sich der gelehrte Abt Johannes T r i t h e m i u s gegen den Verdacht der Zauberei und des Teufelsbündnisses wehren. A g r i p p a von Nettesheim aber, dem wir die erste zusammenfassende Darstellung der Geheimwissenschaft verdanken, sowie Theophrastus Bombastus P a r a c e l s u s von Hohenheim, auf den noch heute die ärztliche Wissenschaft mit Achtung zurückweist, waren beide davon überzeugt, ihr bestes Wissen den Mitteilungen höherer Geistwesen zu schulden. Übrigens war in Krakau, Toledo, Salamanca die Magie sogar Lehrfach an der Hochschule.

Wenn aber führende Wissenschaftler so eingestellt waren, dann werden wir uns nicht wundern dürfen, in den Kreisen der Halbgebildeten und Ungebildeten Scharen von Menschen zu finden, denen Beziehungen zu höllischen Geistern nachgesagt wurden oder die sich sogar selbst solcher Beziehungen rühmten. Gewiss hat es auch damals schon mediumistisch Veranlagte gegeben. Gewiss sind viele von der Echtheit ihrer Geistererscheinungen überzeugt gewesen. Manche mögen den Ruf, mit höheren Mächten im Bunde zu stehen, gar nicht so ungern ertragen, ja vielleicht, soweit es ohne Selbstgefährdung anging, genährt haben. Aber sicher gab es außerdem nicht nur betrogene B e t r ü g e r. Sonst hätte Hans Sachs kaum seinen »Fahrend Schüler mit dem Teufelsbanner« schreiben können, der durchaus dem Leben abgelauscht zu sein scheint.

Gebildet wurde diese Gruppe durch ruhelos von einer Hochschule zur andern ziehende Gelehrte, durch verbummelte Studenten, Abenteurer, Hochstapler, Gaukler, Sprüchemacher. Sie alle wussten sich durch Vielrederei rasch einzuführen, sicherten sich als Hausgäste oder in Herbergen kostenlose Verpflegung, machten sich durch allerhand Scheinwundertätigkeit eine Zeitlang zum Mittelpunkt öffentlicher Aufmerksamkeit, mußten dann aber meist bald entweichen, um nicht entdeckt oder für die gemachten Schulden haftbar gemacht zu wer-

den. Aus dem Kreis solcher helldunklen Erscheinungen erhebt sich nun die eine Gestalt, die wie ein Kristallisationskern Sagenstoff der Jahrhunderte an sich zog und so erst den Faustbüchern (die sich durch ihren gelehrten Anspruch von den damaligen Volksbüchern abheben), dann dem Puppenspiel und schließlich auch ernsten Dramen und Romanen den Namen gegeben hat: D o k t o r F a u s t u s.
*(Aus: Theodor Friedrich/ Lothar J. Scheithauer: Kommentar zu Goethes Faust. Stuttgart 1991. S. 10–13.)*

## Modul 4: Volksbuch – Drama – Puppenspiel. Die Faust-Tradition vor Goethe

| Thema | Volksbücher – Dramen – Puppenspiel. Faust als Gegenstand von Literatur und Kunst |
|---|---|
| Texte – Medien | • M, S. 212–223<br>• A, S. 11<br>• Johann Spies (1587): Historia von D. Johann Fausten [Auszug S. 3–5], L, S. 20<br>• Friedrich, Theodor/Scheithauer, Lothar J.: (1959) Kommentar zu Goethes Faust. Stuttgart: Reclam 1991. S. 10–13; L, S. 16<br>• Heinrich Heine: (1851) Der Doktor Faust. Ein Tanzpoem. In: Heine, Heinrich: Sämtliche Schriften. Hrsg. von Klaus Briegleb. Bd. 6/1. München: dtv. S. 357–372<br>• Gotthold Ephraim Lessing: (1759) D. Faust. In: Werke II. Darmstadt: Wissenschaftliche Buchgesellschaft 1996. S. 487–491 (A, S. 11)<br>• Paul Maar/Christian Schidlowski: F.A.U.S.T. Furiose Abenteuer und Sonderbare Träume. Braunschweig: Schroedel 2005<br>• Folien und Folienstifte |
| Ziele | • Auseinandersetzung mit der literarischen Faust-Tradition vor Goethe<br>• Aufspüren motivgeschichtlicher Hintergründe<br>• Applikation des erworbenen Wissens auf Goethes »Faust« |
| Methoden – Arbeitsformen | • Text- und Bildanalyse in Einzel-, Partner- und Gruppenarbeit<br>• Reflexion und Diskussion im Plenum |
| Zeit | 2–4 Stunden |
| Hausaufgaben | • Vorbereitend: M, S. 223, A 1 |

**Motivgeschichtliche Einordnung**

Jedes literarische Werk steht in einer Tradition und verarbeitet literarische, künstlerische und geistesgeschichtliche Vorläufer bzw. Vorbilder. Goethes »Faust« ist in dieser Hinsicht vielleicht das markanteste Beispiel der deutschsprachigen Literaturgeschichte. Tatsächlich hat Goethe vielfältige Anregungen aus der Motivgeschichte zum »Faust« aufgegriffen und künstlerisch verarbeitet. Die Kenntnis einiger zentraler Beispiele dieser literarischen bzw. künstlerischen Faust-Tradition vor Goethe hilft Schüler(inne)n deshalb zu einem vertieften Verständnis des Dramas bzw. seiner zentralen Gestalten.

Am Anfang der Auseinandersetzung sollte ein kurzer Blick auf den Übergang von der historischen zur künstlerischen Ebene stehen. Die vier im Materialienteil (M, S. 212) abgedruckten Faust-Bilder können den Schüler(inne)n einen ersten Eindruck von der Bandbreite und Ambivalenz der Sichtweisen in Bezug auf die Faust-Gestalt im 16. und 17. Jahrhunderts vermitteln. Tatsächlich handelt es sich um einen Sonderfall der Kulturgeschichte, dass ein historischer Mensch wie Faust zu einer so mannigfach und über so viele Jahrhunderte in Literatur, Malerei und Musik künstlerisch verarbeiteten Figur geworden ist.

Sicher gibt es mannigfache historische Wurzeln gerade von Sagengestalten. Dennoch ist Faust quantita-

**Texte • Medien**
**Didaktische Analyse**

tiv und qualitativ ein Sonderfall. Die Zahl der literarischen Verarbeitungen in deutscher Sprache reicht an die fünfundzwanzig, die Zahl der Faust-Bilder liegt weit über einhundert, musikalisch gibt es immerhin fast zehn Interpretationen des Stoffes (vgl. dazu Schanze 1999). Es bedarf schon besonderer Faktoren und einer spezifischen Denk-, Erwartungs- und Rezeptionshaltung, damit jemand in diesem Ausmaß zu einer Figur des öffentlichen Interesses wird.

Einen vergleichbaren Fall gibt es wahrscheinlich in der gesamten deutschsprachigen Kulturgeschichte nicht. Die Bedingungsfaktoren sind komplex. Zunächst muss der Mensch Faust seine Zeitgenossen in einer Weise irritiert und fasziniert haben, die über das normale Maß weit hinausging. Anderenfalls wäre er nicht in diesem Umfang in den Fokus von Bewunderern wie Neidern gerückt. Die im vorangegangenen Modul 3 behandelten geistesgeschichtlichen Hintergründe legen die Vermutung nahe, dass der historische Faust sich in besonders offener Weise zur magischen Naturphilosophie bekannt und die damit einhergehenden Tabubrüche im Denken in besonderer Klarheit und vielleicht auch mit einer entsprechend provokativen Grundhaltung gegenüber scholastisch-katholischer Theologie, aufstrebendem Protestantismus und sich etablierender Naturwissenschaft artikuliert hat.

Hinzu kommt der Sachverhalt, dass der historische Faust offenbar keine Schriften verfasst bzw. veröffentlicht hat – anders als berühmte Zeitgenossen wie Paracelsus oder Agrippa von Nettesheim usw. Während diese Geistesverwandten schriftliche Spuren hinterlassen haben, die für die Mit- und Nachwelt als Grundlage ihrer Beurteilungen verpflichtend und klärend zugleich gewesen sind, scheint Faust sich dem Buchdruck als »High-Tech« des 15. Jahrhunderts« (Giesecke 1991, S. 67) verweigert zu haben – oder keinen Zugang gefunden zu haben. Ob er wusste, dass er damit Spekulation, Mundpropaganda und übler Nachrede größtmöglichen Raum eröffnet hat, ist nicht klar. Fest steht nur, dass er durch seine schriftmediale Enthaltsamkeit bzw. Nicht-Präsenz dem neuen Printmedium schon zu seinen Lebzeiten relativ schutzlos ausgeliefert war, wie der noch zu seinen Lebzeiten als Flugblatt abgedruckte und verbreitete Brief des Trithemius (M, S. 201) beweist.

Hätte es Schriften von Faust selbst gegeben, hätte jeder Mensch sich ein eigenes Bild von diesem geheimnisumwitterten und moralisch scheinbar so Anstoß erregenden Faust machen können. So aber folgten auf den ersten printmedialen Rufmord des Trithemius viele weitere. Nach Fausts Tod verwandelte sich der Mann aus Knittlingen in mündlich überlieferten Erzählungen rasch zu einer Sagengestalt mit vielfältigen negativen Eigenschaften und verurteilenswerten Handlungen, die als abschreckendes Beispiel dienten.

Der erste schriftliche Niederschlag dieser kursierenden Skandalgeschichten geht bezeichnenderweise auf den Buchdrucker Johann Spies zurück, der 1587, also etwas mehr als vier Jahrzehnte nach Fausts Tod, die »Historia von D. Johann Fausten« mit dem Ziel veröffentliche, »ein schrecklich Exempel des teuflischen Betrugs, Leibes- und Seelenmords allen Christen zur Warnung durch den öffentlichen Druck publiciren und fürstellen« (Spies 1587, S. 3) zu wollen. Es ist mehr als wahrscheinlich, dass Spies mit dieser Skandalgeschichte nicht nur christlich-moralisch warnen und auf den rechten Weg verweisen wollte, sondern natürlich auch schlicht dem Klatsch-, Tratsch- und Empörungsbedürfnis der Zeitgenossen entsprechen wollte und sich als Buchdrucker auf diese Weise einen erhöhten Absatz und lukrative Einnahmen erhoffte. Das Volksbuch von Spies dient in diesem Sinne – überspitzt formuliert – der Befriedigung einer Bedürfnislage, der heutzutage »Bild« und andere Klatsch- und Skandalblätter ihren Erfolg verdanken. Mit Schüler(inne)n können diese Aspekte im Grundansatz aus dem Vorwort von Spies erarbeitet werden, das am Ende dieses Moduls hier im Lehrerheft abgedruckt ist (L, S. 22).

Wie diese Skandalisierung des Faust konkret ausgesehen hat, erschließt sich für die Schüler(innen) mit der Bearbeitung der Auszüge aus Johann Nikolaus Pfitzers christlich-moralisierender Volksbuchversion »Das ärgerliche Leben und schreckliche Ende deß Ertz-Schwartzkünstlers Johannis Fausti« aus dem Jahre 1674, die im Materialienteil abgedruckt ist (M, S. 219–222). Pfitzers Volksbuchfassung ist deshalb so interessant, weil Goethe sie nachweislich gekannt hat und durch sie bei der Ausgestaltung seines »Faust« beeinflusst worden ist. Vor diesem Hintergrund bietet sich ein Vergleich zwischen Pfitzers Vorlage und Goethes Verarbeitung des Stoffes an. Dabei kann die Feststellung von Gemeinsamkeiten und Unterschieden in der Zeichnung der Faustfigur, des Handlungsgeschehens und einzelner Bezugspersonen die Besonderheiten in der künstlerischen Verarbeitung Goethes ins Blickfeld treten lassen. Deutlich wird, dass Goethe sich Elementen der Tradition bedient, um deren Horizont doch markant zu übersteigen.

Das bereits im Zusammenhang mit dem historischen Faust thematisierte Bild »Der Seelen Wurzgarten« von Conrad Dinckmut aus dem Jahre 1483 (A, S. 9–10) ermöglicht eine Vertiefung der Betrachtungsperspektive, weil die dort bildlich dargestellte und textlich erläuterte Vorstellung von den sieben Todsünden einen interessanten Deutungsschlüssel darstellt. Denn in den Volksbüchern wird dem literarisierten Faust nämlich implizit ein Verstoß gegen diesen den mittelalterlichen Wertekanon repräsentierenden Sündenkatalog vorgeworfen. Zu diesem Zweck lässt sich das Volksbuch von Pfitzer oder von Spies (vgl. auch A, S. 9, Arbeitsanregung 2) in Einzelarbeit oder themendifferenzierten Gruppen in ausgewählten Auszügen präzise nach Textstellen durchsuchen, in denen Hochmut (superbia), Geiz (avaritia), Neid (invidia), Untätigkeit (acedia), Zorn (ira), Unkeuschheit (luxuria) und Völlerei (gula) als Untugenden des Faust dargestellt werden.

In der sehenswerten Puppenspielfassung des Doktor Faustus, die von der Augsburger Puppenkiste regelmäßig aufgeführt wird (www. http://www.augsburger-puppenkiste.de/), treten diese sieben Todsünden überdies sogar personifiziert als Versuchungen des Faust auf. Auch dieser Spur könnte mit Schüler(inne)n nachgegangen werden. Eine Begründung lässt sich für die Auseinandersetzung mit diesen oder anderen Puppenspielvarianten aber noch aus einem anderen Grund finden. Denn nachweislich ist Goethe mit dem Faust-Stoff bereits als Kind in Frankfurt durch Puppenspiele vom Doctor Faustus in Kontakt gekommen. Diese Puppenspiele waren über englische Komödianten nach Deutschland gelangt und hatten dort rasch große Verbreitung gefunden (vgl. dazu Trunz 1948 ff., S. 473 ff.; Gaier 1989, S. 21 ff.; Friedrich/Scheithauer 1959, S. 21 f.). Bei Simrock (1850) wirkt diese Tradition ebenso fort wie in der jüngst erschienenen Kindertheaterfassung »F.A.U.S.T« von Paul Maar und Christian Schidlowski (2005).

Allerdings lässt sich wohl nur selten an entsprechendes Vorwissen der Schüler(innen) aus der fünften oder sechsten Klasse anknüpfen, obschon »Faust für Kinder« eigentlich ein sinnvoller didaktischer Ansatzpunkt ist (vgl. Frederking/Krommer 2005). Gleichzeitig wird in der Oberstufe die Zeit für Exkurse zum Faust-Puppenspiel in der Regel fehlen, auch wenn es sicherlich inhaltlich sehr interessant wäre, diesen Spuren nachzugehen. Als Projekt am Ende des Schuljahres eignet sich diese motiv- und gattungsgeschichtliche Erweiterung allerdings sehr wohl.

Trotz aller Zeitknappheit sollte allerdings Christopher Marlowes dramatische Verarbeitung des Faust-Stoffes zumindest im Grundansatz nach Möglichkeit behandelt werden. Im Materialienteil ist der Anfang des Dramas abgedruckt (M, S. 214–218). Auf dieser Grundlage lässt sich der Verständnishorizont der Schüler(innen) in spezifischer Weise erweitern. Denn während die Volksbücher motivgeschichtlich von Bedeutung sind, ist Marlowe es vor allem gattungsgeschichtlich. Schließlich geht auf den englischen Literaten die erste Dramatisierung des Faust-Stoffes zurück. 1589, d. h. zwei Jahre nach Spies, veröffentlichte Marlowe sein berühmtes Drama »Doktor Faustus«. Die Arbeitsanregungen 4 und 5 (M, S. 223) machen Vorschläge für die sinnvolle Einbeziehung in den Unterrichtsprozess.

Über diese frühen literarischen Interpretationen des Faust-Stoffes hinaus könnten bei ausreichender Zeit auch modernere Verarbeitungen des Sujets vor Goethe bearbeitet werden. Zu denken ist hier vor allem an Lessings Faust-Fragment, in dem der Renaissance-Mensch Faust zum Vordenker der Aufklärung wird (A, S. 11).

Aber auch Grabbes (1829) motivgeschichtlich interessante Verschmelzung des Faust- und des Don Juan-Motivs ist eine Spur, der nachzugehen es sich lohnt. Natürlich könnten auch diese beiden literarischen Faust-Adaptionen im Rahmen eines Faust-Projekts am Ende des Schuljahres ausführlicher in den Fokus rücken.

Johann Spies
**Historia von D. Johann Fausten (1587)**

Dem Ehrenhafften, Wohlachtbaren und Fürnehmen Caspar Kolln, Churfürstlich Mayntzischem Amtsschreiber, und Hieronymo Hoff, Rentmeister in der Grafschafft Königstein, meinen insonders günstigen lieben Herren und guten Freunden.

Gottes Gnade, meinen Gruß und Dienst zuvor, ehrenhafte, wohlachtbare, günstige liebe Herren und Freunde. Nachdem nun seit viel Jahren eine gemeine und große Sage in Teuschland von D. Johannis Fausti, des weitbeschreyten Zauberers und Schwarzkünstlers, mancherlei Abenteuern gewesen und allenthalben eine große Nachfrage nach gedachtes Fausti History bei den Gastungen und Gesellschafften geschieht, desgleichen auch hin und wieder bei etlichen neuen Geschichtsschreibern dieses Zauberers, seiner teuffelischen Künste und seines erschrecklichen Endes gedacht wird, hab ich mich selbst auch oftmals verwundert, daß so gar niemand diese schreckliche Geschichte ordentlich verfassete und der ganzen Christenheit zur Warnung durch den Druck mitteilete. Hab auch nit unterlassen, bei gelehrten und verständigen Leuten nachzufragen, ob vielleicht diese History schon allbereits von jemand beschrieben wäre, aber nie nichts gewisses erfahren können, bis sie mir neulich einen guten Freund von Speyer mitgeteilt und zugeschickt worden; mit dem Begehren, daß ich dieselbe als ein schrecklich Exempel des teuffelischen Betrugs, Leibes- und Seelenmords allen Christen zur Warnung durch den öffentlichen Druck publiciren und fürstellen sollte. Dieweil es denn ein merklich und schrecklich Exempel ist, darin man nicht allein des Teuffels Neid, Betrug und Grausamkeit gegenüber dem menschlichen Geschlecht sehen, sondern auch augenscheinlich spüren kann, wohin die Sicherheit, Vermessenheit und Fürwitz letztlich einen Menschen treibe, und einen Menschen treibe, und eine gewisse Ursach sei des Abfalls von Gott, der Gemeinschafft mit den bösen Geistern und des Verderbens an Leib und Seel, hab ich so viel Arbeit und Kosten desto lieber daran gewendet und verhoffe hiemit allen denen, so sich wollen warnen lassen, einen wohlgefälligen Dienst zu erzeigen.

Diese History aber, ehrenhaffte, wohlachtbare, günstige liebe Herren und Feunde, hab ich Euer Ehren und Achtbarkeit dediciren und zuschreiben sollen; nicht der Meinung, als sollten Dieselbige dieser Warnung vor anderen bedürfen; ist mir doch gottlob Euer Ehren und Achtbarkeit sonderlicher Eifer zu Gott, der wahren Religion, dem Christlichen Bekenntnis und Gehorsam aus täglicher Beiwohnung und Erfahrung genugsam bekannt; sondern zum öffentlichen Zeugnis der sonderlichen Liebe und Freundschafft, die sich zwischen uns zum Theil in der Schul zu Ursel, zum Theil aus vieler Beiwohnung und Gemeinschafft angefangen und noch auf den heutigen Tag erhalten, auch, so Gott will, die übrige Zeit unseres Lebens hie auf Erden und in dem ewigen Vaterland währen und bestehen soll. Wie ich denn für meine Person dazu ganz geneigt bin, auch Euer Ehren und Achtbarkeit also gesinnet weiß, daß sie an alldem, was zur Erhaltung dieser unserer wohlhergebrachten Freundschafft dienen mag, nichts werden mangeln lassen. Ich erkenne mich zwar schuldig, Euer Ehren und Achtbarkeit auch in anderem und mehrerem, und mit alldem, was ich vermag, zu willfahren und zu dienen; weil ichs aber auf diesmal besser nicht hab, auch Euer Ehren und Achtbarkeit durch Gottes Segen an zeitlicher Nahrung und leiblichen Gütern dermaßen geschaffen und begabet weiß, daß sie meiner hierin nicht bedürfen, hab ich dennoch Euer Ehren und Achtbarkeit aus meiner Druckerey dieses geringe Büchlein verehren wollen,; sonderlich dieweil mir aus vorigen Gesprächen bewußt, daß Euer Ehren und Achtbarkeit auch vorlängst dieser Historien fleißig nachgefragt. Bitt derhalben, Dieselbigen wöllen mit diesem geringen Meßkram auf diesmal für gut nehmen und meine günstigen Herren und Freunde sein und bleiben. Tue Euer Ehren und Achtbarkeit samt derselben ganzen Haushaltung in den gnädigen Schutz und Schirm des Allmächtigen befehlen. Darum zu Franckfurt am Mayn, Montas den 4. September Anno M.D. LXXXVII.

Euer Ehren und Achtbarkeit
Dienstwilliger Johann Spies, Buchdrucker daselbst.

## Modul 5: Gelehrtentragödie I – Fausts Eingangsmonolog

| Thema | Gelehrtentragödie I – Fausts Eingangsmonolog |
|---|---|
| Texte – Medien | • V. 354–601<br>• M, S. 234–236<br>• A, S. 17–18<br>• Der Faust-Monolog als Audio-CD-Fassung von Gründgens (1954/2004); Semmelroth (1952/1999), Netschájew (2000) oder Günther (2002)<br>• Der Faust-Monolog auf der Texte.Medien-DVD in den Inszenierungen von Gründgens (1960), Dorn (1987) und Stein (2000)<br>• Folie und Folienstifte für die Gruppenarbeit (s. u.)<br>• PC/Netbook, PowerPoint, SymBoard oder Beamer/Whiteboard |
| Ziele | • Erarbeitung der Kernaspekte des Eingangsmonologs im Hinblick auf das Charakterprofil, die Motive und die Grundüberzeugungen Fausts<br>• Analyse der Gemeinsamkeiten und Unterschiede im Erkenntnisziel und im Wissenschaftsverständnis von Faust und Wagner<br>• Erfassen intertextueller und motivgeschichtlicher Perspektiven<br>• Verstehen der Besonderheiten von Goethes Faust-Interpretation im Vergleich zur literarischen Tradition vor ihm<br>• Personale Applikation des Gelesenen |
| Methoden – Arbeitsformen | • Einzelarbeit, Partnerarbeit, Gruppenarbeit<br>• Plenumsdiskussion<br>• Szenische bzw. stimmliche Interpretation<br>• Vergleichende Film- bzw. Inszenierungsanalyse<br>• Handelnd-produktive und personal-kreative Verarbeitungen |
| Zeit | 2–4 Stunden |
| Hausaufgaben | • Vorbereitend: Lesen des Faust-Monologs V. 354–521 |

**Vorüberlegungen**
Nachdem die literarische Faust-Tradition vor Goethe in akzentuierter Form mit den Schüler(inne)n in Modul 4 erarbeitet worden ist, schließt sich nun in Modul 5 der Einstieg in die differenzierte und systematische Auseinandersetzung mit Goethes Drama an. In didaktischer Perspektive wird damit an die Einstiegsphase im ersten Modul angeknüpft. Denn nachdem die Schüler(innen) in Modul 1 auf der Grundlage der Erstlektüre ihr erstes persönliches Vorverständnis des Dramas artikuliert und diskutiert haben (vgl. Kreft 1977, S. 379ff.; Frederking 1999, S. 365f.; 2010, S. 440ff.), beginnt mit Modul 5 die Überprüfung der im Rahmen von Modul 1 von den Schüler(inne)n formulierten Hypothesen und Deutungsansätze.

Der spezifische thematische Ansatzpunkt, der für Modul 5 vorgeschlagen wird, ergibt sich aus der impliziten Logik des in den Modulen 3 und 4 gewählten Zugriffs. Hat hier die Faust-Gestalt im Zentrum der Betrachtung gestanden, liegt es nahe, diese Spur weiterzuverfolgen. Aus diesem Grund folgt die Auseinandersetzung mit Goethes Verarbeitung des Stoffes zunächst nicht der Chronologie der Szenen in »Faust I«, sondern konzentriert sich auf die bislang im Fokus stehende Figur des Faust und seine erste Präsentation in Goethes Drama.

Didaktisch gesprochen wird also kein linearanalytischer, sondern ein **aspektanalytischer** Zugriff gewählt. Zwar bleibt die Chronologie der Szenen ein Orientierungspunkt, ohne dass dieser als Fessel missverstanden wird. Für einen solchen analytischen,

> Texte • Medien
> Didaktische
> Analyse

an zentralen Fragen orientierten Zugriff ist ja schon mit Modul 1 die Basis gelegt worden, indem zentrale Interessenschwerpunkte und Fragen der Schüler(innen) ermittelt wurden. Mit Modul 5 finden diese aspekt- bzw. themenzentrierten Zugriffsmöglichkeiten eine konsequente Umsetzung. Nicht die »Zueignung«, das »Vorspiel auf dem Theater« und der »Prolog im Himmel« werden folglich als Einstieg in die detaillierte Auseinandersetzung mit dem Drama empfohlen, sondern der Eingangsmonolog zur Gelehrtentragödie (V. 354–601).

Damit folgt die Auseinandersetzung im Unterricht überdies den Spuren des Autors. Denn mit dem Einstieg über die Gelehrtentragödie wird der Chronologie der Entstehungsgeschichte des Werkes entsprochen, an dem Goethe insgesamt fast sechs Jahrzehnte gearbeitet hat. Tatsächlich ist der einleitende Monolog Fausts bereits im »Urfaust« von 1775 enthalten und gehört damit zu den ersten Teilen des Dramas, die Goethe fertiggestellt hat – und zwar in nahezu wörtlicher Übereinstimmung zur Endfassung von 1808. Mit Schüler(inne)n kann dieser Sachverhalt relativ einfach aus der vergleichenden Aufstellung der Entstehungsgeschichte von »Faust I« in der im Materialienteil enthaltenen Synopse (M. S. 188–190) erschlossen werden. Mit dem Eingangsmonolog treten die Konturen von Goethes frühestem Faust-Bild ins Blickfeld und möglicherweise auch Grundelemente seines Interesses an der Gestalt überhaupt.

Die Erarbeitung könnte im Unterricht unmittelbar mit der Lektüre und der Interpretation der entsprechenden Passagen beginnen (V. 354–521). Dazu sollte der Eingangsmonolog bereits vorbereitend zuhause gelesen worden sein – ein zweites Mal nach der ersten Gesamtlektüre des Dramas zu Beginn der Reihe (vgl. Modul 1). Außerdem könnte zuhause die stimmliche Rezitation und Interpretation von mindestens zwei Versen (nach eigener Wahl) eingeübt werden (vgl. M, S. 240, Arbeitsanregung 3). Nachdem zu Beginn der Stunde die häuslichen Erfahrungen mit der stimmlichen Erkundung des Textes ausgetauscht worden sind, sollten einige Schüler(innen) ihre ausgewählten Textstellen vortragen. Das anschließende Auswertungsgespräch könnte sich auf die in den jeweiligen Rezitationen erkennbar werdenden Deutungsansätze konzentrieren:

– Welche Hypothesen über Fausts Gefühle und Motive lagen der jeweiligen stimmlichen Interpretation zugrunde?
– Welche Deutungsansätze wurden *alta voce*, mit lauter Stimme, umzusetzen versucht?

Vermutungen und Beobachtungen aus dem Plenum lassen sich dabei durch die anschließenden Erläuterungen der Vortragenden überprüfen. Ergänzend können auch professionell gestaltete Hörfassungen des Textes einbezogen werden. Dafür stehen mit Alexander Netschájew (2000) und Rolf Günther (2002) zwei aktuelle Lesungen zur Verfügung, bei denen konsequent die Deutungspotenziale der menschlichen Stimme genutzt werden. Im Vergleich beider Fassungen können Gemeinsamkeiten und Unterschiede in hörästhetischer wie inhaltlicher Hinsicht besprochen werden, sofern hördidaktische Zielsetzungen breiteren Raum einnehmen sollen (vgl. Wermke 2004; Müller 2004; Frederking/Krommer/Maiwald 2008, S. 99 ff.; Frederking 2010a).

Bei einer zunächst primär inhaltlichen Ausrichtung, die auf das Erfassen der Kernaspekte des Textes zielt, bietet sich insbesondere die Rezitation Alexander Netschájews (2000) an, um dem durch die Dramenform medial intendierten gesprochenen Wort Gehör zu verschaffen.

Nachdem Rezeptionseindrücke in Bezug auf Netschájews Interpretation des Textes ausgetauscht worden sind, können in einem ersten allgemeinen Zugriff Wesenszüge, Kerngedanken, Grundüberzeugungen und Motive von Goethes Faust auf Folie gesammelt werden. In einer zweiten vertiefenden Phase ist es dann sinnvoll, die Ergebnisse durch ein erneutes genaues Lesen des Textes zu überprüfen, zu modifizieren und zu ergänzen (vgl. dazu M, S. 240, Arbeitsanregung 4).

Im Zusammenhang mit der Erdgeist-Szene (V. 430–521) bietet sich die Hinzuziehung der von Goethe angefertigten Zeichnung an (M, S. 234; vgl. dazu M, S. 240, Arbeitsanregung 1). Assoziationen zu dem Bild könnten zunächst individuell von den Schüler(inne)n notiert und anschließend im Plenum reflektiert werden. Dass Goethe diese Zeichnung zwischen 1810 und 1812, d. h. lange nach dem Verfassen der Szene selbst, angefertigt hat, verdeutlicht, welche Bedeutung dieser Passage im Verständnis des Autors

Texte • **Medien**
**Didaktische Analyse**

zukommt. Hier wirken unverändert die von Goethe bereits im Zusammenhang mit der Entstehung des »Urfaust« rezipierten Schriften Emanuel Swedenborgs nach. Zu dessen Grundüberzeugungen gehörte es, dass der Mensch »vom Herrn so geschaffen [worden ist], dass er während er im Leibe lebt, zugleich mit Geistern und Engeln reden könnte« (1763, S. 55 f.; M, S. 236). Im Materialienteil steht diese Passage zusammen mit den Folgeabsätzen aus einem Schlüsseltext von Swedenborg zur Verfügung (M, S. 236 f.). Sie eignen sich neben der Skizze von Goethe zur Deutung der Erdgeistszene.

Insgesamt zeigt die genaue Untersuchung des Faust-Monologs wie auch des Dialogs mit dem Erdgeist: »Obgleich Goethe durch die Tradition der Volksbücher bzw. der dramatischen Gestaltungen vor bzw. während seiner Arbeit am ›Faust‹ beeinflusst wurde, ist er alles andere als deren Epigone. Denn während Spies und Pfitzer das Bild eines verabscheuungswürdigen, gotteslästernden »Schwarzmagiers« und Marlowe das nicht minder holz-schnittartige Bild eines hybriden machtbesessenen Menschen zeichnen, tritt bei Goethe ein Faust mit sehr komplexem Charakterprofil und ambivalenten Motiven in Erscheinung – der Prototyp eines Renaissance-Menschen, der (natur)mystischen Erkenntnisdrang und ungestillte Weltsehnsucht, Selbsttranszendenz und das Bewusstsein von der Gottebenbildlichkeit des Menschen in sich vereint.« (Frederking 1999, S. 369)

Auf der Grundlage der Erläuterungen von Erich Trunz (M, S. 235 f.) und der Auszüge aus Schriften Emanuel Swedenborgs (M, S. 236 f.) sowie Agrippas von Nettesheim (L, S. 28) lassen sich diese am Dramentext gewonnenen Erkenntnisse geistesgeschichtlich, naturphilosophisch bzw. wissenschaftsgeschichtlich fundieren (vgl. M, S. 240, Arbeitsanregung 5). Die Analysen von Bernd Mahl/Tim Lörke (2005) und Albrecht Schöne (1999) zur Modernität des gescheiterten Erkenntnisstrebens Fausts (A, S. 18) können das Spektrum der Betrachtung noch einmal erweitern.

Schließt sich auf dieser Basis die Analyse des Dialogs zwischen Faust und Wagner an (V. 522–601), gewinnen die Schüler(innen) ein noch differenzierteres Verständnis der Besonderheiten von Goethes Faust-Figur. Denn hier treten zwei vollkommen konträre Wissenschafts- und Erkenntniskonzepte einander idealtypisch gegenüber. Auf der Grundlage des Analyserasters im Arbeitsheft (A, S. 17) lassen sich diese systematisch erschließen. Entweder können die Schüler(innen) den Dialog in Einzel- oder Partnerarbeit auf der Grundlage der im Arbeitsheft aufgeführten Parameter (vgl. dazu auch Arbeitsanregung 1) auswerten und ihre Ergebnisse in den entsprechenden Schreibfeldern festhalten. Oder die Lehrkraft überträgt das Analyseraster auf Folie und bittet die Schüler(innen) den Text anhand der Parameter zu analysieren und ihre Ergebnisse im Plenum vorzustellen. In ausdiskutierter Form können die Ergebnisse auf der Folie zu notiert werden.

Auf der Basis der in Arbeitsanregung 2 (A, S. 17) vorgeschlagenen begrifflichen Unterscheidung zwischen Esoterik und Exoterik lassen sich die Grundvorstellungen der beiden Gesprächspartner systematischer erfassen. Tatsächlich folgt Wagner einem exoterisch und Faust einem esoterisch grundierten Wissenschaftsverständnis. Damit gehen unterschiedliche Bewertungen einher. Während sich in Wagners Haltung die von Agrippa von Nettesheim in satirischer Form kritisierte »Eitelkeit der Wissenschaft« (1527) widerspiegelt, artikuliert sich in Fausts Äußerungen das Credo der Alchemie und der magischen Naturphilosophie, demzufolge wirkliche Erkenntnis nur jenseits der sich als exakt verstehenden Wissenschaften möglich ist. Dass Goethes Faust selbst diese Wissenschaften intensiv studiert hat und sie dennoch oder gerade aus diesem Grund in der Reichweite ihrer Erkenntnismöglichkeiten für äußerst begrenzt hält, macht die Fundiertheit wie die Brisanz dieser Position deutlich. Denn sie ist in der Intention Goethes nicht vormodern, weil wissenschaftsskeptisch, sondern in dieser Wissenschaftsskepsis geradezu nachmodern. Mit Rückbezug auf die Thesen Morris Bermans (M, S. 209 f.) zu Sir Isaac Newton (M, S. 208 f.) treten die umfassenderen wissenschaftsgeschichtlichen Implikationen ins Blickfeld.

Im Anschluss an deren Erarbeitung kann eine produktiv-kreative Verarbeitungsphase den Schüler(inne)n die Möglichkeit zur ersten persönlichen Auseinandersetzung im Sinne der dritten Phase nach Kreft (1977) oder Frederking (1999, S. 370; 2010b, S. 440 ff.) eröffnen.

## Texte • Medien
### Didaktische Analyse

Folgende Arbeitsaufträge könnten als Hausaufgabe zur Auswahl gestellt werden:

1. »Persönlicher« Brief an einen toten Dichter
*Schreiben Sie einen fiktiven Brief an Goethe. Dieser kann Fragen an Goethe beinhalten, persönliche Stellungnahmen, eigene Thesen, Gegenpositionen, Spekulationen über biografische Hintergründe, Erläuterungen der eigenen Meinung, Kritik an Goethe, Korrekturvorschläge usw.*

2. Ist Faust ein Idealtyp von Mensch (oder Wissenschaftler)?
*Legen Sie in Form eines inneren Monologes, eines Dialoges, eines Briefes, einer Szene, eines Gedichtes, einer Erörterung usw. Ihre ganz persönliche Beurteilung der Frage dar, ob Faust in Ihrem Urteil ein Idealtyp von Mensch oder Wissenschaftler ist oder sein könnte.*

3. Faust (und/oder Wagner) heute!
*Was würde ein Mensch wie Faust (oder Wagner) heute tun? Worüber würden Faust und Wagner heute sprechen? Versetzen Sie den Monolog (bzw. den Dialog) in unsere heutige Zeit oder wählen Sie eine andere Gattung (Prosa, Brief, Satire, Gedicht, Rezension usw.)*

4. Satire über die eigene Schulsituation
*Schreiben Sie vor dem Hintergrund des Faust-Wagner-Dialoges einen satirischen Monolog/Dialog/Brief über Ihre eigene Schulsituation oder Ihre Erwartungen im Hinblick auf Ihr Studium.*

Für die Präsentation der zuhause von den Schüler(inne)n verfassten Texte – idealerweise sollten ihnen ein paar Tage zur Anfertigung zur Verfügung stehen – wird ein Stuhlkreis empfohlen, um eine möglichst entspannte Atmosphäre entstehen zu lassen und damit Grundformen so genannter »literarischer Geselligkeit«, wie Gundel Mattenklott (1979) dies in Anlehnung an Formen der Literaturbegegnung in Klassik und Romantik gefordert hat. Eine Schulstunde sollte eingeplant werden. Zu Beginn könnte zur atmosphärischen Lockerung und zum Abbau von Ängsten nach den individuellen Schreiberfahrungen gefragt und die Gesprächsregeln bzw. Umgangsformen mit den vorgetragenen Texten gemeinsam abgesprochen werden.

Zu diesem Zweck artikuliert jede(r) Schüler(in), was er bzw. sie von den Mitschüler(inne)n bei bzw. nach der Vorstellung des eigenen Textes erwartet und welche Verhaltens- bzw. Reaktionsmuster unerwünscht sind. Auf Folie kann der bzw. die Lehrende die genannten Aspekte mitnotieren und am Ende der Gesprächsrunde als Ergebnis im Sinne selbstgeschaffener Gesprächsregeln der Lerngruppe präsentieren. Mit diesen durch die ganz persönlichen Erwartungshaltungen aller Schüler(innen) getragenen Verhaltensregeln bei der Vorstellung selbst verfasster Texte können Ängste und Hemmungen wirkungsvoll abgebaut werden. Im Idealfall kann die Atmosphäre einer ebenso offenen wie behutsamen Gesprächskultur entstehen, die einen selbst geschaffenen Schutzraum für die kursinternen Kommunikationen und Interaktionen etabliert.

Auf freiwilliger Basis sollten anschließend zu jedem der vier Themenkomplexe einige der verfassten Texte vorgestellt werden. Beifall nach dem Verlesen eines jeden Textes sollte dem bzw. der Verfasser(in) in jedem Fall ein positives Feedback geben. Falls eine detaillierte Besprechung der Texte von den Schüler(inne)n gewünscht bzw. vor Beginn der Präsentation mit ihnen vereinbart worden ist, sollte mit positiven Aspekten begonnen werden, ehe Nachfragen in inhaltlicher Hinsicht auch Raum für Diskussionen eröffnen.

Ästhetische Verbesserungsvorschläge sollten erst nach mehrmaligen erfolgreichen »literarischen Geselligkeitsrunden« und einer mit solch freien Formen vertrauten Lerngruppe einbezogen werden, um die Lust am Schreiben und Vortragen nicht durch schultypische Kritikpraktiken im Keim zu ersticken. Alle Texte, auch die nicht vorgetragenen, können später eingesammelt, in Kursstärke vervielfältigt und – z.B. mit Thermobindemappen-Systemen kostengünstig und einfach – zu »Faust-Büchern« gebunden werden, von denen jede(r) Schüler(in) ein Exemplar erhält.

In der akzentuierten Aufarbeitung formaler und medialer Aspekte kann die Auseinandersetzung mit dem Anfang der Gelehrtentragödie ihren sinnvollen Abschluss finden. Hier sollte vor allem die theatrale Komponente breiten Raum einnehmen. Den Ausgang könnte die Frage bilden, warum Goethe überhaupt die Form des Dramas gewählt hat und nicht der Vorgabe der Volksbücher gefolgt ist und seinen »Faust« episch als Roman gestaltet hat. Sicherlich kann hier auf das für den Sturm und Drang typische Bedürfnis verwiesen werden, Gedanken, Motive, Gefühle von Protagonisten unmittelbar zum Ausdruck zu bringen.

Der Stürmer und Dränger, der Goethe bei Abfassung des »Urfaust« ohne Zweifel war, mag aus diesem Motiv heraus die Dramenform für besser geeignet gehalten haben. Zur erfahrungsorientierten Überprüfung dieser Hypothese ist Arbeitsauftrag 3 (M, S. 240) gut geeignet, insofern die Schüler(innen) hier aufgefordert werden, 2–6 Zeilen aus der Gelehrtentragödie auszuwählen und diese szenisch interpretierend vorzutragen. Schließlich hatte Günter Waldmann (1996, S. 117) zurecht darauf hingewiesen, dass ein Drama eigentlich nicht als Lesestoff konzipiert ist, sondern als Ausgangspunkt für eine szenische Deutung und Inszenierung.

Dieser Zugriff lässt sich durch den Besuch einer Theaterinszenierung des »Faust« sinnvoll vertiefen. Ergänzend oder alternativ bietet es sich aber auch an, die als Beilage zur Textausgabe des »Faust« auf der Mini-DVD zur Verfügung gestellten Ausschnitte aus den Inszenierungen der Gelehrtentragödie von Gustav Gründgens (1960), Dieter Dorn (1987) und Peter Stein (2000) hinzuziehen (vgl. dazu auch Frederking 2010a). Werden den Schüler(inne)n per Beamer die entsprechenden Ausschnitte zur Gelehrtentragödie bei Gründgens, Dorn und Stein vorgespielt – oder haben die Schüler(innen) die Möglichkeit, sich diese selbst auf PC, Netbook, iPad oder am Whiteboard bzw. Symboard (www.medid.de) o. Ä. anzuschauen –, treten ganz unterschiedliche Deutungen des von Goethe literarisch ins Bild gesetzten Menschen, Wissenschaftlers, Magiers und Naturphilosophen Faust ins Blickfeld. Dabei ist es theater- wie filmdidaktisch durchaus sinnvoll, die Schüler(innen) zunächst individuelle Eindrücke und ganz persönliche ästhetische Geschmacksurteile formulieren und diese anschließend im Plenum diskutieren zu lassen. Denn jedes Theaterstück, jede Inszenierung und jede filmische Verarbeitung zielt auf Gefallen und Anspruch gleichermaßen und damit auf eine Verbindung der von Goethe im »Vorspiel auf dem Theater« formulierten Maximen der drei am Kunstprozess Beteiligten (V. 33–242). Auf dieser Basis können anschließend Deutungsprämissen der drei Inszenierungen analysiert und vor dem Hintergrund des Textes diskutiert werden.

Agrippa von Nettesheim
**Wie die Magier aus der dreifachen Welt ihre Kräfte schöpfen (1531)**

Da die Welt dreifach ist, elementarisch, himmlisch und geistig, und da immer die niedrigere von der höheren regiert wird und den Einfluss ihrer Kräfte aufnimmt, so dass das Vorbild des Weltalls (der Archetypus) selbst und der Schöpfer aller Dinge durch die Engel, die Himmel, die Gestirne, die Elemente, die Tiere, die Pflanzen, die Metalle und die Steine die Kräfte seiner Allmacht auf uns Menschen ausströmt, zu deren Dienst er dies alles erschaffen hat, so halten die Magier es für keine unvernünftige Sache, dass wir auf denselben Stufen, durch die einzelnen Welten, zu der urbildlichen Welt selbst, dem Schöpfer aller Dinge und der ersten Ursache, von welcher alles ist und alles ausgeht, hinaufsteigen, und dass wir nicht nur die in den edleren Naturgegenständen schon vorhandenen Kräfte benützen, sondern noch überdies von oben herab neue an uns ziehen können. Deshalb suchen die Magier die Kräfte der Elementarwelt durch die verschiedenen Mischungen der natürlichen Dinge in der Medizin und Naturphilosophie; durch die Strahlen und Einflüsse der himmlischen Welt verbinden sie hierauf nach den Regeln der Astrologen und der Lehre der Mathematiker die himmlischen Kräfte mit jenen; sodann verstärken und befestigen sie dies alles vermittelst heiliger und religiöser Zeremonien durch die Gewalt der verschiedenen geistigen Wesen (Intelligenzen).

**Texte • Medien**
**Didaktische Analyse**

## Modul 6: Der dreifache Rahmen I: »Zueignung« und »Vorspiel auf dem Theater«

| Thema | »Zueignung« und »Vorspiel auf dem Theater« – inhaltliche Schwerpunkte und dramatische Funktion |
|---|---|
| Texte – Medien | • V. 1–242<br>• A, S. 12–13<br>• M, S. 224–225<br>• Die Zueignung als Audio-CD-Fassung von Netschájew (2000) oder Günther (2002)<br>• Die Inszenierungen von Dorn (1987) und Stein (2000) auf DVD<br>• Folien und Folienstifte für die Gruppenarbeit (s. u.) |
| Ziele | • Erarbeitung der inhaltlichen und formalen Besonderheiten von »Zueignung« und »Vorspiel auf dem Theater«<br>• Erfassen der dramatischen Funktion der beiden Rahmenhandlungen<br>• Einbeziehung biografischer und intertextueller Bezüge<br>• Reflexion des Verhältnisses von Inszenierungsabsicht und Textintention im Zusammenhang mit der »Zueignung« |
| Methoden – Arbeitsformen | • Einzelarbeit, Partnerarbeit, Gruppenarbeit<br>• Plenumsdiskussion |
| Zeit | 2–3 Stunden |
| Hausaufgaben | Vorbereitend: V 1–242 |

### »Goethes »Geniestreich«: Der dreifache Rahmen

Der dreifache Rahmen, mit dem Goethe die Dramenhandlung zum »Faust« einführt, mag bei der ersten Lektüre für Schüler(innen) eher erstaunlich und rätselhaft denn spannend wirken. Allenfalls der »Prolog im Himmel« findet bei Erstleser(inne)n in der Regel eine gewisse Aufmerksamkeit, wenn – wie in Modul 1 – die ersten Rezeptionseindrücke gesammelt werden. Neugier kann bei Schüler(inne)n allerdings – schon vor dem zweiten Lesen und vor der erneuten, vertiefenden Auseinandersetzung – ein Blick auf die Stellung der drei Szenen im Entstehungsprozess des Dramas auslösen.

Die Synopse zur Entstehungsgeschichte des »Faust« (M, S. 189) zeigt rasch, dass Goethe nach dem »Urfaust« (1775) mehr als drei Jahrzehnte benötigt hat, um den »Ersten Teil« des Dramas 1808 abzuschließen. Obgleich im »Fragment« von 1790 nach der Italienreise zur Nachtszene einige Passagen hinzugekommen sind und auch die Pakt-Szene bereits in wesentlichen Versen enthalten ist, gelingt Goethe bei seinem zweiten Anlauf 1790 kein Abschluss der Arbeit am »Faust«. In Briefen an Karl August vom 6. 2. 1788 (M, S. 191) und an Schiller vom 2. 12. 1794 (M, S. 192) gibt es vielmehr sogar Anzeichen für eine gewisse Schaffenskrise in Bezug auf die literarische Arbeit am Faust-Stoff.

Erst mit dem zwischen 1797 und 1800 entstandenen dreifachen Rahmen scheint Goethe diese überwunden zu haben. In jedem Fall nimmt »die Metatext-Sequenz ›Zueignung‹ – ›Vorspiel auf dem Theater‹ – ›Prolog im Himmel‹« (A, S. 6) eine Schlüsselstellung in jener »dritten Bauperiode« des Faust ein, von der Karl Eibl in seinem Beitrag »Faust ein ›Ragout‹? spricht. Diese währte von 1797 bis 1806. Mit den Schüler(inne)n kann der im Arbeitsheft abgedruckte Textauszug von Eibl über die Bauperioden des »Faust« im Anschluss an die Auswertung der Synopse (M, S. 188 ff.) behandelt und diskutiert werden.

Dass Goethe mit dem dreifachen Rahmen, der der eigentlichen Dramenhandlung vorgeschaltet wurde, ein »Geniestreich« gelungen ist, zeigt sich mit Rekurs auf die literarische Faust-Tradition vor Goethe. Die Volksbücher beschränken sich auf die literarisch-epische Verarbeitung des zuvor mündlich, in Sagenform tradierten Handlungsgeschehens. Allenfalls eine Zueignung an den Landesfürsten oder Bischof weist im Ansatz formale Entsprechungen zu Goethes erstem metatextuellem Rahmen auf.

In Marlowes Dramatisierung des Faust-Stoffes hingegen fehlen metatextuelle Rahmungen, wie sie Goethe vorgenommen hat, völlig. Nur in dem Goethe wahrscheinlich nicht bekannten Fragment von Lessing ist ein »Vorspiel« angedacht gewesen (A, S. 11). Dieses steht in der Tradition der Faust-Puppenspiele. Hier finden sich auch in Bezug auf Goethes Verarbeitung des Stoffes noch am ehesten Analogien, insofern in den Puppenspielen ebenfalls Vorspiele enthalten sind, die mit Motiven aus der griechischen und römischen Mythologie arbeiten. In der von Kurt Scheidig nach alten Vorlagen und Überlieferungen rekonstruierten Fassung z. B. treffen Charon, Pluto und Mephisto aufeinander. Letzterer erhält den Auftrag, Faust »zu verderben«, einen Mann, »dessen Seele weit mehr als tausend zählt« und »einer von Gottes treuen Knechten« (1971, S. 14). Goethe mag durch diese Traditionen inspiriert worden sein. Gleichwohl ist sein Ansatz mit der dreifachen Rahmung sowohl formal als auch inhaltlich nicht epigonal, sondern in wesentlichen Teilen eine geniale Neuschöpfung.

## Zueignung

Schon die »Zueignung« (V. 1–32) setzt ganz eigene Akzente, die mit den Schüler(inne)n in Grundzügen leicht zu erschließen sind. Zum Einstieg könnten die zwei in Stanzen verfassten Strophen still gelesen und auf dieser Grundlage erste Eindrücke individuell notiert oder in Form eines Schreibgespräches auf einem leeren DIN-A4-Blatt in Partnerarbeit ausgetauscht werden.

Ergänzend oder alternativ ließe sich auch auf die Hörfassung von Rolf Günther (2002) zurückgreifen.

Während das Lesen und Hören vor allem inhaltliche und formale Aspekte der »Zueignung« in textimmanenter und formaler Hinsicht in den Fokus rücken, erleichtert das Anschauen einer Inszenierung das Verständnis der Funktion dieses oft unterschätzten ersten Rahmens. Während in der Gründgens-Inszenierung die »Zueignung« fehlt, ist sie bei Dorn (1989) wie bei Stein (2000) in gelungener Weise interpretiert worden. Die zwei Screenshots aus der Stein-Inszenierung (Abb. 1 und 2) verdeutlichen exemplarisch, dass der Text nicht auf der Bühne als Teil der Aufführung interpretiert wird – und wohl auch nicht so intendiert

Abb. 1

Abb. 2

war –, sondern gleichsam vor der eigentlichen Aufführung ein Geleitwort des Autors darstellt.

Dass dies Goethes Absicht war, verdeutlichen die Erläuterungen Albrecht Schönes (1999, S. 149 f.), die im Materialienteil den Schüler(inne)n zur Verfügung stehen (M, S. 224 ff.). Zum einen spiegelt die »Zueignung« ein Stück der biografischen Entstehungsgeschichte wieder, bezeichnenderweise zwei Tage nach einem Brief an Schiller vom 22.6.1797 entstanden, in dem Goethe seinem kongenialen Partner ankündigt, endlich die Arbeit am Faust wieder aufgenommen zu haben. Gleichzeitig besitzt die »Zueignung« nach Schöne eine dramaturgische Funktion: »Es bricht die unmittelbare theatralische Illusion, indem es alles Folgende als dichterische Hervorbringung, als ein Spiel der poetischen Imagination zu verstehen gibt. Der gedichtete Dichter dieser Zueignung erscheint als Urheber des nachstehenden Vorspiels auf dem Theater, der dort auftretende Theaterdichter wiederum als der des Prologs im Himmel und der ihm unterstellten irdischen Tragödie. So staffeln sich von hier an die Spielebenen.« (Schöne 1999, 149; M, S. 225).

Dabei setzt die »Zueignung« im Urteil Schönes praktisch um, was Goethe in dem Aufsatz »Weimarer Hoftheater« »für ›höchst nötig‹ erklärt – dass nämlich ›der Zuschauer erinnert wird: dass das ganze theatralische Wesen nur ein Spiel sei, über das er, wenn es ihm ästhetisch, ja moralisch nutzen soll, erhoben stehen muss, ohne deshalb weniger Genuss daran zu finden‹ (Schöne 1999, S. 150; M, S. 225 f.). Arbeitsanregung 1 im Materialienteil (M, S. 233) regt zur kritischen Prüfung und Diskussion dieser Analysen Schönes an.

### Vorspiel auf dem Theater

Die zweite Rahmung bietet nicht minder interessante und nach dem ersten Lesen zumeist noch kaum wahrgenommene Perspektiven. Denn Goethe setzt in dem »Vorspiel auf dem Theater« in metareflexiver Weise die Maximen jeden Kunstschaffens in Szene, die bei dem Entstehen eines Theaterstückes von Bedeutung sind. Er erlaubt damit gleichsam einen Blick über die Schulter des Autors und hinter die Kulissen der Theaterbühne – Perspektiven, die Goethe selbst bestens kannte, da er eben nicht nur seit seiner Jugend als Autor gearbeitet hat, sondern von 1791 bis 1817 auch die Leitung des Weimarer Hoftheaters innehatte. Damit etabliert Goethe noch vor Beginn des eigentlichen dramatischen Geschehens eine Metaebene, die dem Zuschauer einerseits Deutungsschlüssel in die Hand gibt und andererseits eine unreflektierte, bloß identifizierend-genießende Rezeption zu verhindern sucht. Damit nimmt er gedanklich vorweg, was er zwei Jahrzehnte später als Maxime formuliert hat: »Es gibt dreierlei Arten Leser: Eine, die ohne Urteil genießt, eine dritte, die ohne zu genießen urteilt, die mittlere, die genießend urteilt und urteilend genießt; diese reproduziert eigentlich ein Kunstwerk aufs neue« (Goethe 1819, S. 337).

Schüler(innen) können einen Zugang zu diesen Deutungsschichten erhalten, indem sie im Sinne von Arbeitsanregung 2 im Arbeitsheft (A, S. 13) aufgefordert werden, allein oder in themendifferenzierten Gruppen die von dem Theaterdirektor, dem Dichter und der lustigen Person getroffenen Aussagen zum Selbstverständnis, zur Kunst, zum Theater etc. genau zu analysieren und auf diese Weise das »Vorspiel auf dem Theater« in seiner dramatischen Funktion zu ergründen. Basis dazu kann das im Arbeitsheft (A, S. 13) abgedruckte Raster sein, in das die Schüler(innen) unter Angabe der Zeilennummern die entsprechenden Angaben eintragen. Alternativ kann das Raster auch auf Folie übertragen werden, um die Arbeitsergebnisse der Schüler(innen) im Plenum zu sammeln, zu diskutieren und das Ergebnis auf Folie festzuhalten. Eine weitere Möglichkeit ist die Bildung von »Experten«-Gruppen zu den drei Protagonisten des Vorspiels, die alle Informationen gruppenintern zusammentragen, auf Folie oder Plakat sammeln und dann im Plenum zur Diskussion stellen.

Besondere Beachtung sollten bei der Besprechung die zum Verständnis des gesamten Dramas zentralen Schlussverse aus dem »Vorspiel auf dem Theater« finden:

»So schreitet in dem engen Bretterhaus
Den ganzen Kreis der Schöpfung aus,
Und wandelt mit bedächt'ger Schnelle
Vom Himmel durch die Welt zur Hölle.«
(V. 239–242)

Denn hier wird ein Handlungsbogen skizziert, der gleichsam den Erzählrahmen absteckt und die nachfolgenden Handlungsebenen ankündigt, obschon tat-

**Texte • Medien**
**Didaktische Analyse**

sächlich nur Himmel und Welt im Drama als Handlungsorte in Erscheinung treten, während die Hölle auf ein drohendes Ende verweist, das durch Fausts Rettung aber dann doch nicht eintritt.

Eine Erweiterung der Betrachtungsperspektive ergibt sich mit der Einbeziehung eines interessanten intertextuellen Bezuges. Der Goethe-Kenner Erich Trunz (1948 ff., 507) hat darauf aufmerksam gemacht, dass Goethe bei der Gestaltung des »Vorspiels auf dem Theater« (V. 33–242) durch das Drama »Śakuntalā« des indischen Dichters Kālidāsa inspiriert worden ist, das er 1791, d. h. wenige Jahre vor der Fertigstellung des Vorspiels (1797–99), zum ersten Mal las. Der Anfang dieses Dramas ist im Arbeitsheft abgedruckt (A, S. 12), Arbeitsanregung 1 fordert zur Reflexion von Gemeinsamkeiten und Unterschieden zwischen Kālidāsas und Goethes »Vorspiel« auf. Die größte Entsprechung besteht in formaler Hinsicht sicherlich darin, dass auch bei Kālidāsa mit »Regisseur« und »Schauspielerin« zwei maßgeblich an der Aufführung beteiligte »Akteure« miteinander kommunizieren.

Auch inhaltlich gibt es Entsprechungen, insofern dies in metareflexiver Weise geschieht. Unterschiedlich allerdings ist die gewählte Perspektive. Während bei Kālidāsa mit »Regisseur« und »Schauspielerin« nur die am Theaterspiel unmittelbar Beteiligten in Aktion treten, hat Goethe die Perspektive erweitert und mit dem Dichter auch die Autorperspektive integriert. Wie wichtig diese ist, kann im Rekurs auf die Einträge der Schüler(innen) in der Spalte »Dichter« der Tabelle im Arbeitsheft (A, S. 13) und der Überlegungen zur »Zueignung« reflektiert werden.

Ergänzen lassen sich die Erarbeitungen durch einen Blick auf die theatertheoretischen Überlegungen Goethes, die er 1797 gemeinsam mit Schiller formuliert hat (s. u.). Ein Auszug ist am Ende dieses Moduls abgedruckt. Dessen systematische Erarbeitung mit den Schüler(inne)n eröffnet Einblick in dramatische Gestaltungsprinzipien Goethes. Ob und inwieweit diese auch für den »Faust« leitend gewesen sind, kann mit der Lerngruppe am Dramentext selbst überprüft und diskutiert werden.

Johann Wolfgang Goethe/Friedrich Schiller
**Über epische und dramatische Dichtung** (1797)

Der Epiker und Dramatiker sind beide den allgemeinen poetischen Gesetzen unterworfen, besonders dem Gesetze der Einheit und dem Gesetze der Entfaltung; ferner behandeln sie beide ähnliche Gegenstände und können beide alle Arten von Motiven brauchen; ihr großer wesentlicher Unterschied beruht aber darin, dass der Epiker die Begebenheit als *vollkommen vergangen* vorträgt und der Dramatiker sie als *vollkommen gegenwärtig* darstellt. […]

Die Gegenstände des Epos und der Tragödie sollten rein menschlich, bedeutend und pathetisch sein: Die Personen stehen am besten auf einem gewissen Grade der Kultur, wo die Selbsttätigkeit noch auf sich allein angewiesen ist, wo man nicht moralisch, politisch, mechanisch, sondern persönlich wirkt. Die Sagen aus der heroischen Zeit der Griechen waren in diesem Sinne den Dichtern besonders günstig.

Das epische Gedicht stellt vorzüglich persönlich beschränkte Tätigkeit, die Tragödie persönlich beschränktes Leiden vor; das epische Gedicht den *außer sich wirkenden* Menschen: Schlachten, Reisen, jede Art von Unternehmung, die eine gewisse sinnliche Breite fordert; die Tragödie den *nach innen geführten* Menschen, und die Handlungen der echten Tragödie bedürfen daher nur weniges Raums. […]

Die Behandlung im ganzen betreffend, wird der Rhapsode, der das vollkommen Vergangene vorträgt, als ein weiser Mann erscheinen, der in ruhiger Besonnenheit das Geschehene übersieht; sein Vortrag wird dahin zwecken, die Zuhörer zu beruhigen, damit sie ihm gern und lange zuhören, er wird das Interesse egal verteilen, weil er nicht imstande ist, einen allzu lebhaften Eindruck geschwind zu balancieren, er wird nach Belieben rückwärts und vorwärts greifen und wandeln; man wird ihm überall folgen; denn er hat es nur mit der Einbildungskraft zu tun, die sich ihre Bilder selbst hervorbringt, und der es auf einen gewissen Grad gleichgültig ist, was für welche sie aufruft. […]

Der Mime dagegen ist gerade in dem entgegengesetzten Fall; er stellt sich als ein bestimmtes Individuum dar, er will, dass man an ihm und seiner nächsten Umgebung ausschließlich teilnehme, dass man die Leiden seiner Seele und seines Körpers mitfühle, seine Verlegenheiten teile und sich selbst über ihn vergesse. Zwar wird auch er stufenweise zu Werke gehen; aber er kann viel lebhaftere Wirkungen wagen, weil bei sinnlicher Gegenwart auch sogar der stärkere Eindruck durch einen schwächern vertilgt werden kann. Der zuschauende Hörer muss von Rechts wegen in einer steten sinnlichen Anstrengung bleiben, er darf sich nicht zum Nachdenken erheben, er muss leidenschaftlich folgen, seine Fantasie ist ganz zum Schweigen gebracht, man darf keine Ansprüche an sie machen, und selbst, was erzählt wird, muss gleichsam darstellend vor die Augen gebracht werden.

## Modul 7: Der dreifache Rahmen II: »Prolog im Himmel«

| Thema | »Prolog im Himmel« – Goethes Kosmologie |
|---|---|
| Texte – Medien | • V. 243–353<br>• M, S. 226–233<br>• A, S. 14–16<br>• Der Prolog als Audio-CD-Fassung von Gründgens (1954/2004), Netschájew (2000) oder Günther (2002)<br>• Der Prolog auf der Texte.Medien-DVD in den Inszenierungen von Gründgens (1960), Dorn (1987) und Stein (2000)<br>• Folien und Folienstifte für die Gruppenarbeit (s. u.)<br>• PC/Netbook, PowerPoint, SymBoard oder Beamer/Whiteboard |
| Ziele | • Aufarbeitung der gattungsgeschichtlichen Tradition<br>• Erarbeitung der wesentlichen Aspekte von Goethes Kosmologie<br>• Reflexion der Gemeinsamkeiten und Unterschiede zwischen der Hiob-Geschichte und dem Prolog<br>• Überprüfung, inwieweit Goethes »Luzifer«-Mythos und seine naturphilosophischen Theoreme Deutungsschlüssel für den Prolog und das gesamte Drama darstellen<br>• Personale Applikation des Gelesenen. |
| Methoden – Arbeitsformen | • Einzelarbeit, Partnerarbeit, Gruppenarbeit<br>• Plenumsdiskussion<br>• Szenische bzw. stimmliche Interpretation<br>• Vergleichende Film- bzw. Inszenierungsanalyse<br>• Vergleich von Hörfassungen<br>• Handelnd-produktive und personal-kreative Verarbeitungen |
| Zeit | 2–3 Stunden |
| Hausaufgaben | Vorbereitende Lektüre der Szene »Prolog im Himmel« (V. 243–353)<br>Lektüre von Goethes Luzifer-Mythos (M, S. 229–232) |

### Vorüberlegungen

Während Goethe mit dem »Vorspiel auf dem Theater« (V. 33–242) dem eigentlichen Dramenkern eine theatrale und kunsttheoretische Metaebene vorgeschaltet hat, wird mit dem »Prolog im Himmel« ein auf das Handlungsgeschehen bezogener metatextueller Rahmen etabliert. Mit diesem erschließt sich das irdische Geschehen im Drama in seiner jenseitigen Bedingtheit. Aus diesem Grund gehört der »Prolog im Himmel« sicherlich zu den faszinierendsten Teilen des gesamten »Faust«-Dramas. Wird im Sinne von Modul 1 bei der Behandlung eine Phase vorgeschaltet, in der Schüler(innen) ihre spontanen Ersteindrücke formulieren können, werden mit Bezug auf den Prolog viele Fragen vor allem moralischer und naturphilosophischer Art formuliert werden. Auf diese kann im Zusammenhang mit der detaillierten Behandlung des »Prologs« im Rahmen von Modul 7 nun zurückgegriffen werden.

### Cluster und Hörfassung

Eingeleitet werden kann die intensivierte Behandlung durch das Vorspielen einer Hörtextfassung vom »Prolog im Himmel« (z.B. von Gründgens 1954; Netschájew 2000; Günther 2002) und ein anschließendes Cluster. Auf diese Weise kann »den Schüler(inne)n einerseits ein unmittelbarer hörästhetischer Eindruck vermittelt und andererseits Raum zur Artikulation ihrer persönlichen Einschätzungen eröffnet werden« (Frederking 1999, S. 371). Die Vorstellung einiger der entstandenen Cluster-Assoziationsreihen – natürlich freiwillig – lässt die Vielfalt der möglichen Rezeptionsperspektiven, Assoziationen, Deutungen und Fragen ins Blickfeld treten, die im Zusammenhang mit dem »Prolog« entstehen. In einem freien Unterrichtsgespräch sollten diese diskutiert und reflektiert werden. Fragen und Thesen aus dem zu Beginn der Reihe durchgeführten Meta-Cluster (vgl. Modul 1) können zusätzliche Gesprächsimpulse setzen.

### »Das große Welttheater« von Calderón de la Barca

Im Anschluss an diese textinterne Auseinandersetzung ist es sinnvoll, intertextuelle, motivgeschichtliche und religionsphilosophische Implikationen der Szene gemeinsam mit den Schüler(inne)n in den Blick zu nehmen. Entstehungsgeschichtlich bedeutsam ist z. B. Goethes Verarbeitung der Tradition des spanischen Barocktheaters, das im 17. Jahrhundert seine Blüte hatte und in der das menschliche Leben als Spiel auf der großen Weltbühne verstanden wird, dem Gott als Zuschauer und Richter beiwohnt.

Seinen idealtypischen Ausdruck hat diese Tradition in Calderón de la Barcas Drama »Das große Welttheater« um 1645 gefunden. Der Textauszug im Materialienteil der Textausgabe (M, S. 227 ff.), in dem der einleitende Dialog zwischen »Schöpfer« und »Welt« enthalten ist, verdeutlicht die gattungsgeschichtliche Verwurzelung von Goethes Prolog in dieser besonderen literarischen Tradition. Im Materialienteil findet sich dazu eine Vergleichsaufgabe zur intertextuellen Analyse (vgl. dazu auch M, S. 233, Arbeitsanregung 3).

### Hiob als Vorbild?

Für das Verständnis des »Prologs« in inhaltlicher Hinsicht besonders aufschlussreich ist Goethes Verarbeitung des Hiob-Motivs. Am 18. Januar 1825 bemerkte Goethe zu Eckermann: »Hat daher auch die Exposition meines ›Faust‹ mit der des ›Hiob‹ einige Ähnlichkeit, so ist das wiederum ganz recht, und ich bin deswegen eher zu loben als zu tadeln.«

Schüler(innen) könnten auf der Grundlage des im Arbeitsheft abgedruckten Textes aus dem Alten Testament (A, S. 14; AT, Hiob 1,6–12) und der darauf bezogenen Arbeitsanregung 1 in dem auf derselben Arbeitsheftseite enthaltenen Raster Gemeinsamkeiten und Unterschiede zwischen der Hiob- und der Prolog-Fassung herausarbeiten.

### Goethes Kosmologie

Werden anschließend die Charakterisierungen des »Herrn« und »Mephistos« im »Prolog« detaillierter untersucht, treten die Besonderheiten von Goethes Verständnis der beiden kosmischen Gegenspieler noch deutlicher in Erscheinung. Dazu bietet es sich an, wie in Arbeitsanregung 2 im Materialienteil (M, S. 233) vorgeschlagen, das im »Prolog« entfaltete Menschen-, Gottes- und Weltbild aus dem Text systematisch herauszuarbeiten. Zu diesem Zweck sollte sich der Kurs oder die Klasse in zwei Gruppen aufteilen – eine zum »Herrn« und eine zu »Mephisto«. Innerhalb dieser beiden Gruppen sollten jeweils 4 Untergruppen entstehen, die Kernaussagen zu den Aspekten »Selbstbild«, »Bild des Dialogpartners«, »Weltbild« und »Menschenbild« in Bezug auf den Herrn bzw. auf Mephisto aus dem Text herausarbeiten und mit Zeilenangabe auf Folie übertragen. In unmittelbarer Gegenüberstellung können die Ergebnisse anschließend präsentiert und diskutiert werden. Die Kopiervorlage eines möglichen Analyserasters ist am Ende dieses Moduls abgedruckt.

Werden auf Basis dieser Gegenüberstellung Grundkonstituenten einer Kosmologie erkennbar, die das im weltlichen Bereich mit Fausts Monolog einsetzende dramatische Geschehen grundiert respektive überhöht, gewährt der im Materialienteil (M, S. 229–232) abgedruckte Luzifer-Mythos des jungen Goethe den Schüler(inne)n Einblick in religionsphilosophische Grundüberzeugungen des Autors, die das Verständnis des gesamten Dramas vertiefen können. Arbeitsanregung 4 schlägt eine schriftliche Erörterung der Frage vor, inwiefern Goethes »Luzifer-Mythos« Erklärungsansätze für die im »Prolog« entfaltete kosmische Weltordnung enthält. Auch die im Arbeitsheft abgedruckten naturphilosophischen Äußerungen Goethes zu den Prinzipien »Entzweiung und Vereinigung« sowie »Polarität und Steigerung« (A, S. 15) sollten in diesem Horizont durchdacht und auf die im »Prolog« ins Bild gesetzten polaren Wirkprinzipien angewendet werden.

Sind auf diese Weise zentrale Aspekte der im »Prolog« von Goethe entfalteten Weltsicht aufgearbeitet und in ihren religionsphilosophischen Implikationen reflektiert worden, sollte den Schüler(inne)n die Möglichkeit zu einer persönlichen Verarbeitung und Bewertung eröffnet werden. Dazu kann im Sinne von Arbeitsanregung 5 im Materialienteil (M, S. 233) vorgeschlagen werden, einen fiktiven persönlichen Brief an Goethe als Autor oder an eine der im »Prolog« auftretenden Figuren zu schreiben, in dem jede(r) Schüler(in) ganz persönlich und für sich die literarisch verarbeiteten kosmologisch-religiösen Fragen und die erkennbar werdenden Positionen erörtert und zu ihnen Stellung nimmt.

In diesem Zusammenhang werden Aspekte der Autorintention ebenso diskutiert wie die für viele Schüler(innen) zentrale moralische wie religionstheoretische Frage, wie der Herr tatsächlich Mephisto gestatten kann, Faust in Versuchung zu führen. Bei einer entsprechenden Fokussierung bzw. Interessenlage eines größeren Teils der Lerngruppe kann in diesem Zusammenhang natürlich die von Leibnitz aufgeworfene Theodizee-Frage zur gedanklichen Vertiefung einbezogen werden: Wie kann ein guter Gott Böses zulassen? Goethes Luzifer-Mythos gibt darauf eine spezifische Antwort, indem er das Zulassen als Resultat eines »kosmischen Unfalls« wertet, als Ergebnis des Abfalls Luzifers vom göttlichen Urgrund. Ob dieser Abfall gottgewollt ist und Teil des von Goethe vertretenen Prinzips von Polarität und Steigerung, kann im Plenum diskutiert werden. Die Wendung »Von allen Geistern, die verneinen / ist mir der Schalk am wenigsten zur Last« (V. 338 f.) jedenfalls verweist im Rahmen der Dramenkosmologie auf die Möglichkeit einer solchen Deutung.

**Die formale Gestaltung**
Die formale Gestaltung des Prologs kann zunächst durch eine Analyse der Versmaße erfolgen. Klar unterscheidbar ist der beim Gesang der Erzengel verwendete strophisch gegliederte Viertakter, der sich formal an Kirchenlieder im 17. und 18. Jahrhundert anlehnt und in seiner Regelmäßigkeit eine feierliche Stimmung erzeugt (vgl. Trunz 1948 ff., 507), und der bei Mephistopheles vorherrschende Madrigalvers (ab V. 281 ff.). Im Arbeitsheft stehen dazu Definitionen und Anregungen zur Verfügung (A, S. 30).

Zum Erfassen der dramatischen Gestaltung des »Prologs im Himmel« bietet sich als Einstieg die um 1800 von Goethe angefertigte Skizze an, die die Figurenanordnung ins Bild setzt und damit spätere Inszenierungen vorgeprägt hat (M, S. 226). Motivgeschichtliche Wurzeln lassen sich mit John Flaxmanns Gemälde »Versammlung der Götter« (A, S. 16) aus dem Jahre 1793 einbeziehen, eine heiter-ironische moderne Verarbeitung steht mit Ingo Lehnhof auf derselben Seite des Arbeitsheftes zur Verfügung.

**Von der szenischen Interpretation zur Inszenierungsverfilmung**
Neben dieser bildlichen Darstellung des dramatischen Geschehens ist aber natürlich die Dramatisierung des Stoffes selbst von Bedeutung. Hier können vor der bislang dargestellten analytischen Durchdringung des Dramentextes oder im Anschluss daran theatrale Erkundungen erfolgen. Bei ungeübten Gruppen könnte jede(r) Schüler(in) den Auftrag erhalten, mindestens einen Vers aus dem »Prolog« mit lauter Stimme zu sprechen und dabei eine Körperhaltung einzunehmen, die dem Inhalt des Satzes angemessen ist. Ist die Lerngruppe mit szenischen Verfahren schon vertrauter, können in verteilten Rollen auch der gesamte »Prolog« oder größere Passagen szenisch interpretiert werden.

Auf dieser Erfahrungsgrundlage können die drei Filmausschnitte der Faust-Inszenierungen von Gründgens (1960), Dorn (1987) und Stein (2000) zum »Prolog« in das Unterrichtsgeschehen einbezogen

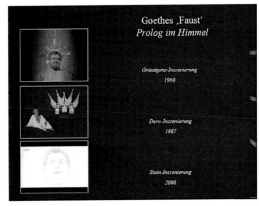

Abb. 3

**Texte . Medien**
Didaktische Analyse

werden, die auf der der Textausgabe beigefügten Mini-DVD enthalten sind. Dies kann entweder per Beamer- oder Whiteboard-Präsentation im Plenum geschehen (vgl. Abb. 3) oder individuell am Computer, NetBook oder am SymBoard (www.medid.de). Letzteres eröffnet für die Schüler(innen) größere Handlungsfreiheiten: »sie können die Filmausschnitte mehrmals anschauen und unmittelbar neben den Film Kommentare schreiben, Eindrücke festhalten, Vergleiche anstellen etc.

Auf diese Weise ist auch filmdidaktisch endlich möglich, was im Umgang mit dem Buch oder mit Fotokopien selbstverständlich und unverzichtbar ist: eine individuelle Rezeption und Interpretation (vgl. Abb. 4), die in zeitlicher und räumlicher Nähe zum Rezeptionsgegenstand schriftlich festgehalten werden kann. Dies kann das Verständnis gerade bei den hochartifiziellen Faust-Inszenierungen erleichtern bzw. vertiefen.« (Frederking 2010a, S. 235)

Am Anfang der Auseinandersetzung sollten dabei bewusst Eindrücke und persönliche Geschmacksurteile stehen. Erst daran sollten sich vertiefende analytische Zugriffe anschließen, in denen die Besonderheiten der jeweiligen Inszenierung hinterfragt und systematischer aufgearbeitet werden. Die Arbeitsanregungen 3 und 4 im Materialienteil auf S. 261 formulieren dazu gezielte Aufgaben. Dabei bieten sich gerade Screenshots von den DVD-Ausschnitten an, um Einzelaspekte herauszuarbeiten.

Als Beispiel soll auf die Darstellung des Herrn in den drei Inszenierungen verwiesen werden. Entweder fertigt der bzw. die Lehrende Screenhots zum Herrn und zu Mephisto aus den Filmausschnitten im »Prolog« an – über Windows Movie Maker ist dies einfach möglich. Alternativ kann auf die Screenshot-Abbildungen (M, S. 256) zurückgegriffen werden, deren Abbildung aber leider nur schwarz-weiß möglich war. Die Analyse zeigt: »Während in der Gründgens-Inszenierung (1960) ein traditionelles, anthropomorph geprägtes Gott-Vater-Bild vorherrscht, präsentiert Dorn (1987) die postmodern gebrochene Satire einer Gottesgestalt, während Stein (2000) einen nahezu bild- und gestaltlosen Gott auftreten lässt und damit an die Tradition der bildlosen Theologie eines Moses Maimonides anzuknüpfen scheint.« (Frederking 2010a, S. 235)

Im Rahmen der ebenfalls in der Reihe »Texte.Medien« erschienenen CD »Literatur des 20. Jahrhunderts« können solche Film- bzw. Inszenierungsvergleiche für die Schüler(innen) in sehr eigenaktiver Weise erfolgen. Beispiele finden sich unter »www.medid.de«.

**Analyseraster Herr-Mephisto-Vergleich**

|  | Herr | Mephisto |
|---|---|---|
| Selbstbild |  |  |
| Bild vom Dialogpartner |  |  |
| Weltbild |  |  |
| Menschenbild |  |  |

## Modul 8: Gelehrtentragödie II: Innere und äußere Stationen zum Pakt bzw. zur Wette

| Thema | Innere und äußere Stationen von Faust zum Pakt bzw. zur Wette mit Mephisto |
|---|---|
| Texte – Medien | • V. 602–807<br>• M, S. 237–240<br>• A, S. 20–21<br>• Hörfassungen von Gründgens (1954), Netschájew (2000) und Günther (2002)<br>• Folien und Folienstifte für die Einzel-, Partner- bzw. Gruppenarbeit |
| Ziele | • Erarbeitung der inneren Voraussetzungen für Fausts Übereinkunft mit Mephisto<br>• Erarbeitung der äußeren Handlungsfelder und Reflexion ihrer dramatischen Funktion<br>• Erfassen der motivgeschichtlichen Wurzeln einzelner Episoden |
| Methoden – Arbeitsformen | • Einzelarbeit, Partnerarbeit, Gruppenarbeit<br>• Plenumsdiskussion |
| Zeit | 2–3 Stunden |
| Hausaufgaben | • Vorbereitende Lektüre des zweiten Teils der Nachtszene (V. 602–807)<br>• Systematisches Erfassen der Stimmungen, Motive und Gedanken Fausts |

### Vorüberlegungen

Nachdem mit dem »Prolog im Himmel« die in das Drama als Spielgeschehen eingebundene Jenseitsperspektive in ihren vielschichtigen theologisch-religionsphilosophischen Implikationen reflektiert worden ist, rückt nun das diesseitige Dramengeschehen erneut in den Mittelpunkt der Aufmerksamkeit. Allerdings sollte dessen transzendente Rahmung vor dem Hintergrund der vertiefenden Auseinandersetzung mit dem »Prolog« nun in stärkerem Maße im Bewusstsein der Schüler(innen) verankert sein. Religionsphilosophisch gesprochen ist es die Immanenz der Transzendenz, die mit dem »Prolog im Himmel« als Leitprinzip des weiteren dramatischen Geschehens »auf Erden« ins Blickfeld getreten ist. Schon im Kontext von Modul 8 sind die Konsequenzen deutlich erkennbar. Denn hier geht es um die inneren und äußeren Stationen von Faust auf dem Weg zum Pakt und damit um das irdische Äquivalent der Übereinkunft zwischen dem Herrn und Mephisto auf der jenseitigen Spielebene.

### Selbstmordversuch und »himmlische Rettung«

Ausgangspunkt der Beschäftigung mit dem bislang noch nicht detaillierter im Unterricht besprochenen zweiten Teil der Nachtszene (V. 602–807) sollte ein kurzer Rückblick auf die bislang im Zusammenhang mit Fausts Eingangsmonolog, der Erdgeistszene und dem Dialog mit Wagner erarbeiteten und auf Folie bzw. Plakat festgehaltenen Untersuchungsergebnisse sein. Diese können in dem durch den »Prolog« erweiterten Reflexionshorizont überprüft und neu gewichtet werden. Vor diesem Hintergrund kann der Schlussteil der Nachtszene im Detail aufgearbeitet werden.

In deren Mittelpunkt stehen Fausts Selbstmordversuch und seine »himmlische Rettung«. Hier tritt erstmals »das Ineinander von Diesseits- und Jenseitsperspektive in aller Deutlichkeit in Erscheinung« (Frederking 1999, S. 372), das die meisten der nach 1795 fertiggestellten Teile des »Faust« kennzeichnet und in dem Goethes pantheistisch-mystische Grundüberzeugungen ihren spezifischen Ausdruck gefunden haben. Dabei werden in dem fast zeitgleich mit dem »Prolog« zwischen 1797 und 1801 entstandenen Schlussteil der Nachtszene »mit Fausts Begründung seines beabsichtigten Selbstmordes und dem Eingreifen der himmlischen Chöre die zwei primären Realitätsprinzipien des gesamten Dramas unmittelbar aufeinander bezogen ins Bild gesetzt: das grenzüberschreitende, aber zum Scheitern verurteilte Streben des Menschen im Diesseits und das Wirken der jenseitigen göttlichen Sphäre« (Frederking 1999, S. 372).

**Texte . Medien**

**Didaktische Analyse**

Die Erarbeitung könnte in zwei Phasen erfolgen. Zunächst könnten im Plenumsgespräch auf der Grundlage der von den Schüler(inne)n zuhause formulierten Eindrücke Fausts Stimmungen, Motive und Gedanken vor dem Eingreifen der himmlischen Chöre aus dem Text herausgearbeitet und diskutiert werden, anschließend diejenigen während und nach dem Erklingen der Gesänge. Die Ergebnisse sollten von den Schüler(inne)n individuell in ihren Heften festgehalten werden, in Ergänzung bzw. Korrektur ihrer Notizen aus der häuslichen Vorbereitung.

### Der Osterspaziergang

Damit ist die Grundlage geschaffen für die Auseinandersetzung mit den vielfältigen Facetten der Szene »Vor dem Tor« und ihrem Herzstück, dem Osterspaziergang Fausts und Wagners. Einleiten lässt sich die Beschäftigung erneut durch eine Hörfassung der Szene oder eines Teils von ihr (z. B. von Gründgens 1954, Netschájew 2000 oder Günther 2002). Auf dieser Basis bietet es sich an, die Schüler(innen) V. 808–1117 in vier themendifferenzierten Gruppen erarbeiten zu lassen:

Gruppe 1   Gedanken, Gefühle und Motive des einfachen Volkes
Gruppe 2   Fausts und Wagners Verhalten gegenüber dem Volk¹
Gruppe 3   Fausts und Wagners Einstellung zur Natur
Gruppe 4   Fausts und Wagners Grundmotive bzw. Antriebe

Auf Folie, Plakat oder im Rahmen von PowerPoint o. Ä. sollten die Ergebnisse zusammengestellt, präsentiert und diskutiert werden. Dabei vertieft sich in Bezug auf Faust und Wagner das Bild von zwei ganz unterschiedlichen Charakterprofilen. Wagners Distanz zu Volk, Natur und Lebensfreude steht Fausts unverkrampfte Nähe zu den einfachen Menschen, seine tiefe Verbundenheit mit der Natur und sein Durchdrungensein von zwei gegensätzlichen Antrieben gegenüber:

»Zwei Seelen wohnen, ach! In meiner Brust, / Die eine will sich von der andern trennen; / Die eine hält, in derber Liebeslust, / Sich an die Welt mit klammernden Organen; / Die andre hebt gewaltsam sich vom Dust / Zu den gefilden hoher Ahnen.« (V. 1112–1117)

Dieses Zwei-Seelen-Motiv sollte im Plenum intensiver hinterfragt und reflektiert werden. Mit der im Materialienteil (M, S. 237 f.) abgedruckten Analyse von Karl Eibl steht ein interessanter Interpretationsansatz als zusätzlicher Impuls zur Verfügung. Zu diesem könnten die Schüler(innen) in der Hausaufgabe eine schriftliche Erörterung anfertigen – unter Einbeziehung eigener Deutungen des Zwei-Seelen-Motivs.

Dass innerhalb von Goethes Weltsicht das Böse seinen festen Platz besitzt und im Diesseits und im Jenseits als Macht fungiert, hat sich bereits im Zusammenhang mit dem »Prolog« gezeigt. In Fausts Begegnung mit Mephisto treten die irdischen Konsequenzen dieses ewigen Spiels zwischen Gut und Böse in Erscheinung. Dass Faust bereit ist, seinem zweiten Trieb- bzw. Seelenteil, der auf die Welt und den Genuss gerichtet ist, zu folgen und sich dafür auch mit anderen Kräften einzulassen, zeigt seine unmittelbar an die Zwei-Seelen-Worte anschließende Anrufung höherer Mächte:

»O gibt es Geister in der Luft, / Die zwischen Erd« und Himmel herrschend weben, / So steigt nieder aus dem goldnen Duft / Und führt mich weg, zu neuem, buntem Leben! / Ja, wäre nur ein Zaubermantel mein / Und trüg er mich in fremde Länder! / Mir sollt' er um die köstlichsten Gewänder / Nicht feil um einen Königsmantel sein.« (V. 1118–1125)

Dass Faust mit diesen Versen, die mit dem Zaubermantel alte Motive aus den Volksbüchern und Puppenspielen aufgreifen, gleichsam eine Anrufung überirdischer Mächte vornimmt, ist selbst für Wagner wahrnehmbar, wie seine unmittelbare Reaktion verdeutlicht (vgl. V. 1126–1129). Mit den Schüler(inne)n sollten diese Zeilen detaillierter reflektiert werden. Berücksichtigung sollte dabei auch die fast magisch wirkende Einkreisung der beiden Spaziergänger durch den Pudel finden. (V. 1147 ff.)

---

[1] Bei der Präsentation von Gruppe 2 sollte die Information ergänzt werden, dass in Fausts Begegnung mit dem Volk zahlreiche Anspielungen auf die in den Volksbüchern angesprochenen Tätigkeiten Fausts als Arzt enthalten sind. Anders als in den Volksbüchern zeichnet Goethe aber ein positives Bild von Faust und seinem Bild im Volk. Gegebenenfalls sind hier Dokumente aus einem der Volksbücher zu ergänzen.

## Modul 9: Fausts Philosophie der Tat und seine Übereinkunft mit Mephisto

**Texte • Medien**
**Didaktische Analyse**

| Thema | Fausts Philosophie der Tat und seine Übereinkunft mit Mephisto |
|---|---|
| Texte – Medien | • V. 1178–2072<br>• M, S. 214–222 und 238–240<br>• A, S. 19–21<br>• Hörtextfassungen von Netschájew (2000) und Rusch-Bild auf dem Cover<br>• Tiefenpsychologische Deutungen von Freud (1924) und Jung (1939)<br>• Folien und Folienstifte für die Einzel-, Partner- oder Gruppenarbeit |
| Ziele | • Aufarbeitung der (religions-)philosophischen Grundlagen von Fausts neuer Selbst- und Weltsicht<br>• Erarbeitung der Spezifika der Mephisto-Figur<br>• Klärung der verschiedenen Phasen der Begegnung und Übereinkunft zwischen Faust und Mephisto<br>• Einbeziehung tiefenpsychologischer Deutungsansätze<br>• Personale Applikation des Gelesenen |
| Methoden – Arbeitsformen | • Einzelarbeit, Partnerarbeit, Gruppenarbeit<br>• Plenumsdiskussion<br>• Schreibgespräch<br>• Handelnd-produktive und personal-kreative Verarbeitungen |
| Zeit | 2–3 Stunden |
| Hausaufgaben | Vorbereitende Lektüre der Studierzimmerszene/n (V. 1178–2072) |

**Vorüberlegungen**

Auf der Grundlage der Aufarbeitung von Fausts inneren und äußeren Stationen auf dem Weg zum Pakt – »Selbstmordversuch«, »Himmlische Rettung« und »Osterspaziergang« –, wie sie in Modul 8 vorgeschlagen wurde, kann eine intensivierte Auseinandersetzung mit dem Zusammentreffen von Faust und Mephistopheles erfolgen. Dieses hat Goethe in der/n Studierzimmer-Szene/n (V. 1178–2072) in mehreren Phasen literarisch in Szene gesetzt. Als Einstieg könnte im Rückbezug auf den Osterspaziergang noch einmal Fausts Disposition ins Blickfeld gehoben werden.

Mögliche Leitfragen:
1. Wo sehen Sie psychologische Angriffsflächen Mephistos? Bei der Beantwortung sollte – neben dem Selbstmordversuch – vor allem auf das Zwei-Seelen-Motiv Bezug genommen werden.
2. Wie hat Goethe die Begegnung Fausts mit Mephisto in der Szene vor dem Tor vorbereitet?

Bei der Diskussion sollten vor allem die Anrufung von Geistern, das Zaubermantel-Motiv und der Kreise ziehende Pudel Beachtung finden.

**Philosophie der Tat**

Auf dieser Basis kann Fausts Eingangsmonolog im Studierzimmer nach der Rückkehr vom Osterspaziergang in den Fokus rücken, in dem er den berühmten ersten Satzes aus dem Johannes-Evangelium »Am Anfang war das Wort« umdeutet. Eine Hörtextfassung – beispielsweise von Netschájew (2000) – böte die Möglichkeit einer sehr anschaulichen und ästhetisch angereicherten Textrezeption.

Im Rahmen eines Schreibgespräches könnten die Schüler(innen) erste Eindrücke diskutieren. Dazu sollte jede(r) Schüler(in) auf einem DIN-A4-Blatt zwei bis drei Sätze notieren, die spontane Reaktionen, Fragen, Deutungshypothesen etc. in Bezug auf Fausts Umdeutung des Johannes-Wortes enthalten. Diese Sätze sollten anschließend in Kleingruppen von drei bis vier anderen Schüler(inne)n jeweils wiederum in zwei bis drei Sätzen kommentiert, ergänzt, diskutiert werden. Die Vorstellung einiger dieser schriftlichen Dialoge lässt in der Regel ein ebenso breites wie interessantes Spektrum an Deutungsmöglichkeiten erkennbar werden.

In der anschließenden genauen Analyse des Textes kann auf diese vielfältigen Interpretationsansätze Bezug genommen werden. Manche werden sich bestätigen, manche am Text widerlegt werden. Mögliche Leitfragen für die Diskussion:

a) In welcher Stimmung befindet sich Faust nach dem Osterspaziergang?
b) Welche Sichtweise dem Christentum gegenüber wird erkennbar?
c) Wort/Sinn/Kraft/Tat. Was ist damit gemeint?
d) Wie beurteilen Sie diese Uminterpretation vor dem Hintergrund von Fausts Selbstverständnis bzw. Goethes Menschenbild?

Alternativ oder ergänzend können die Arbeitsanregungen 1 und 2 im Arbeitsheft (A, S. 19) als Orientierungsrahmen für die individuelle vor- oder nachbereitende Textanalyse dienen. Herausgearbeitet werden sollte mit den Schüler(inne)n zum einen, dass sich Fausts Gottesbeziehung durch die Begegnung mit der Natur wieder gefestigt hat und er in diesem neuen Gleichgewichtszustand zu einer sehr spezifischen Umdeutung des neutestamentlichen Logos-Wortes gelangt. Zum anderen sollten Goethes Bezugsquellen dieser ungewöhnlichen Interpretation einbezogen werden. Tatsächlich ist diese durch Herders »Erläuterungen zum Neuen Testament« (1775) beeinflusst (vgl. Trunz 1948ff., 531). Im Arbeitsheft (A, S. 19) steht dieser Text in zentralen Passagen zur Verfügung, Arbeitsanregung 3 fordert zum Vergleich mit Fausts Deutung auf.

Eine weitere Bedeutungsdimension ergibt sich aus der Rückführung des griechischen »logos« auf das im Original zugrunde liegende aramäische »DAWAR«, das eben sowohl »Wort«, »Sinn«, »Kraft« als auch »Tat« bedeutet (vgl. dazu Bodenheimer 1987, S. 127ff.). Diesen Aspekt sollte der/die Lehrende als Impuls einbringen und damit die umfassenderen religionsphilosophischen bzw. etymologischen Wurzeln der von Goethe kenntnisreich gestalteten Umdeutung des Johannes-Wortes zu einer Philosophie der Tat ins Blickfeld heben. Das Tat-Motiv ist sicherlich eine der zentralen innerseelischen Voraussetzungen für Fausts Bereitschaft, die Gelehrtenwelt endgültig zu verlassen und sich in vielfältiger Form auf die Welt einzulassen. Die Möglichkeiten dazu eröffnet Mephistopheles.

Dessen Präsenz während Fausts Bibel-Deutung in Gestalt des Pudels und seine anschließende Metamorphose könnte im Unterrichtsgespräch reflektiert werden (vgl. V. 1178–1321). Sein Wirken als Kontrapunkt zu dem sich bei Faust nach dem Osterspaziergang einstellenden innerseelischen religiösen Frieden kann über die Arbeitsanregung 1 im Arbeitsheft (A, S. 20) systematisch aufgearbeitet werden. Damit ist ein weiterer Grundstein gelegt, um Mephistos erste Begegnung mit Faust in ihren stimmungsmäßigen Grundlagen zu verstehen.

### Mephisto (und Faust)

Das Erscheinen Mephistos als fahrender Scholast – nach Fausts Beschwörung des Pudels – kann als ironische Anspielung Goethes auf die zu Zeiten des historischen Fausts gängige Praxis verstanden werden, dass Vertreter der katholischen Kirche und Lutheraner sich gegenseitig offen und schonungslos der Teufelsbündlerei verdächtigt haben. Doch dieser Aspekt bleibt für den weiteren Verlauf der Begegnung ohne größere Bedeutung.

In den Mittelpunkt rückt rasch die Frage: Wer oder was ist eigentlich Mephistopheles? (V. 1327). Diesen kennzeichnet eine gewisse Ambivalenz – im Prolog dominiert das Schalkhafte, in den ersten Begegnungen mit Faust eher das traditionell Dämonische. Im Arbeitsheft (A, S. 20) sind dazu zwei Zeichnungen von Jens Rusch nebeneinander abgedruckt, die diesen Doppelcharakter Mephistos sehr schön verdeutlichen. Arbeitsanregung 2 fordert zum Zusammentragen von Aspekten und Definitionen aus dem Text auf, die zu den beiden Bildern inhaltlich passen. Ergänzt werden könnte die Suche der Schüler(innen) durch das Auffinden entsprechender Aspekte aus dem Prolog. Arbeitsanregung 6 im Materialienteil (M, S. 240) kann dazu als Grundlage dienen.

Diese textnahe Sichtung kann durch Zusatzinformationen zur Wortetymologie ergänzt werden. Dazu finden sich Informationen in den Anmerkungen der Textausgabe auf Seite 267:

»Der Name findet zum ersten Mal im Faustbuch des Christlich Meynenden Verwendung. In älteren Faustbüchern heißt der Teufel Mephistophiles, Mephostophiles und Mephostophiel. Wahrscheinlicher Ursprung: hebräisch »mephiz« (Zerstörer, Verderber) und »tophel« (Lügner). Denkbar ist aber auch eine Ableitung aus griechisch »me-photo-philes« (der das Licht nicht liebt) oder »me-phausto philes« (der den Faust nicht liebt).«

Dass es Mephisto in der literarischen Fiktion Goethes aufgrund der besonderen Beschaffenheit des Pentagramms (V. 1385 ff.) nicht möglich ist, sich ohne Erlaubnis Fausts zu entfernen, lässt für die Leser(innen)/Zuschauer(innen) erkennbar werden, dass Mephisto kein übermächtiger Gegenspieler ist. Gleichwohl ist dieser ernst zu nehmen, wie sein Trickreichtum verdeutlicht, der ihn aus der für ihn wenig vorteilhaften und schmeichelhaften Situation entkommen lässt (V. 1423 ff.). Der schlafende Faust kann nicht verhindern, dass der »Herr der Ratten und Mäuse« (V. 1516) das Hindernis durch die hilfreichen Nager beseitigen lässt.

Eine andere Deutungsschicht erschließt sich im Hinblick auf die spezifische Beziehung zwischen Faust und Mephisto auf der Grundlage psychoanalytischer Theoreme, von denen zwei am Ende dieses Moduls abgedruckt sind: Sigmund Freuds Deutung des Teufelspakts auf der Grundlage verdrängter Triebbefriedigung und Carl Gustav Jungs Interpretation Mephistos als Schatten, d.h. als verdrängter unbewusster Seelenteil Fausts (L, S. 43).

### Wette oder Pakt?
Zur Vorbereitung der detaillierten Besprechung des zweiten Teils der Studierzimmerszene, in der es zur berühmten Wette- bzw. Pakt-Situation kommt (V. 1530–1850), kann es interessant sein, zunächst mit den Schüler(inne)n die Darstellung des Teufelspakts bei Marlowe (M, S. 214–218) und in dem Volksbuch von Pfitzer (M, S. 221 f.) zu betrachten (vgl. dazu M, S. 240, Arbeitsanregung 8). Während Marlowe die Motive für den Pakt zwischen Faust und Mephostophilis in einer Allmachtsfantasie ansiedelt – »Du sollst zeitlebens mein Begleiter seyn, / Verrichten alles, was ich dir befehle, / Und wär's den Mond vom Himmel falln zu lassen, / Wär's mit dem Meer die Welt zu überschwemmen.« (M, S. 218) – konzentriert sich die Darstellung bei Pfitzer vor allem auf die zentrale Bedingung des Pakts, die Abkehr vom christlichen Glauben und vom christlichen Gott.

Vor diesen motivgeschichtlichen Folien erschließt sich die Besonderheit der Gestaltung bei Goethe in größerer Klarheit. Schon der gelegentlich aufblitzende heiter-ironische Unterton zwischen Faust und Mephisto steht im Kontrast zu den literarischen Vorläufern. Dieser Aspekt könnte ein Ergebnis der vergleichenden Betrachtung im Sinne von Arbeitsanregung 8, M, S. 240, sein. Noch deutlicher zeigen sich die Unterschiede auf der inhaltlichen Ebene. Die Motive von Goethes Faust sind ebenso spezifisch wie die Rahmenbedingungen der Übereinkunft mit Mephisto. Zunächst werden hier von Goethe neben der Einsamkeit des Gelehrten und der Verzweiflung über die Grenzen seines Erkenntnisvermögens – »Mein Busen, der vom Wissensdrang geheilt ist« (V. 1768) – vor allem unerfüllte irdische Wünsche als Zentralmotiv genannt:

»Was kann die Welt mir wohl gewähren? / Entbehren sollst du! sollst entbehren! / Das ist der ewige Gesang …« (V. 1548 ff.)

Allerdings geht es ihm nicht um deren blinde versklavende Erfüllung, sondern um Entgrenzung, um die Befreiung aus der »Pein / Des engen Erdelebens« (V. 1544 f.), d. h. um Erfüllung von Sehnsüchten, ohne dass damit die Bindung an die Erfüllung, der Impuls des Festhalten-Wollens verbunden ist. In diesem Sinne gilt als Grundmotiv der Wette:

»Werd' ich zum Augenblicke sagen: / Verweile doch! du bist so schön! / Dann magst du mich in Fesseln schlagen, / Dann will ich gern zugrunde gehen!« (V. 1699–1703)«

Mit den Schüler(inne)n können diese und andere Kernmomente der Wette-Pakt-Szene in Einzel- oder Partnerarbeit oder im Plenumsgespräch erarbeitet werden. Die erneute Einbeziehung einer Hörtextfassung – beispielsweise von Netschájew (2000) – böte erneut die Möglichkeit einer sehr anschaulichen und ästhetisch angereicherten Textrezeption.

In einem Cluster könnten die Schüler(innen) ihre ersten spontanen Assoziationen, Gefühle, Gedanken,

**Texte · Medien**
**Didaktische Analyse**

Hypothesen auf einem Blatt Papier für sich notieren, ehe sie sich in Partnerarbeit an die Formulierung von Deutungshypothesen machen, die anschließend im Plenum vorgestellt und vergleichend diskutiert werden. Dabei sollten sie versuchen, die Chronologie der Übereinkunft Fausts und Mephistos nachzuzeichnen, zu hinterfragen und auszudeuten.

Zur gedanklichen Vertiefung bietet sich sodann die Auseinandersetzung mit dem im Materialienteil abgedruckten Textauszug »Der erfüllte und der leere Augenblick« von Gerhard Kaiser an (M, S. 238 f.), in dem die im Mittelpunkt des Pakts stehende Augenblicksmetaphorik und die damit zusammenhängenden Bedingungen hinterfragt und diskutiert werden. Natürlich kann dieser Text auch Gegenstand einer schriftlichen Erörterung sein.

Um das Ineinander von Diesseits- und Jenseitsebene im Zusammenhang mit der Wette-Pakt-Problematik für die Schüler(innen) fassbarer werden zu lassen, bietet es sich an, die Übereinkünfte zwischen Herr und Mephisto im »Prolog« und zwischen Mephisto und Faust im »Studierzimmer« systematischer untersuchen zu lassen. Im Arbeitsheft wird dazu ein geeignetes Arrangement vorgeschlagen (A, S. 21, Arbeitsanregung 1). Dieses sieht vor, dass in zwei Gruppen – eine zum Prolog und eine zur Studierzimmerszene jeweils – in vier Untergruppen zum Prolog und zur Studierzimmerszene

a) der Inhalt der Übereinkunft,
b) die Bedingung der Übereinkunft,
c) die Absicht der Übereinkunft und
d) das zugrunde liegende Bild vom Partner der Übereinkunft

herausgearbeitet und schriftlich festgehalten werden. Die Vorstellung und Diskussion der Ergebnisse im Plenum lässt die Gemeinsamkeiten und Unterschiede deutlich in Erscheinung treten.

Um in Erfahrung zu bringen bzw. beurteilen zu können, ob Faust die Wette verliert bzw. wie das Drama endet, kann im Anschluss – oder nach der Behandlung der Gretchentragödie und damit am Ende von »Faust I« – die Schlusssequenz von »Faust II« (V. 11511–12111) gelesen werden. Einen Anhaltspunkt gibt aber bereits die im Arbeitsheft abgedruckte Erläuterung Goethes gegenüber Eckermann vom 6. Juni 1831 (A, S. 21, Arbeitsanregung 2).

### Literarische Werkstatt

Um die textanalytisch gewonnenen Erkenntnisse zu vertiefen, ist es sinnvoll, den Schüler(inne)n die Möglichkeit zu einer ganz individuellen Durchdringung zu geben. Dazu bietet sich erneut die Durchführung einer »Literarischen Werkstatt« an. Diese gibt Raum zur personalen Applikation der bislang ins Blickfeld getretenen Problematik.
Folgende Schreibarrangements haben sich bewährt:

### Themenvorschläge

1. »Persönlicher Brief« an einen toten Dichter
   *Schreiben Sie einen fiktiven Brief an Goethe. Dieser kann Fragen an Goethe beinhalten, persönliche Stellungnahmen, eigene Thesen, Gegenpositionen, Spekulationen über biografische Hintergründe, Erläuterungen der eigenen Meinung, Kritik an Goethe, Korrekturvorschläge usw.*
2. »Persönlicher Brief« an eine literarische Gestalt (Faust, Herr, Wagner, Mephisto)
   *Schreiben Sie einen fiktiven Brief an eine literarische Gestalt (Faust, Herr, Wagner, Mephisto). Dieser kann Fragen an die Gestalt beinhalten, persönliche Stellungnahmen, eigene Thesen, Gegenpositionen, Erläuterungen der eigenen Meinung, Kritik usw.*
3. Freier kreativer Text im Zusammenhang mit dem »Prolog«, der »Nacht- bzw. der Studierzimmer«-Szene
   *Schreiben Sie einen kreativen theoretischen oder literarischen Text zu den Themen, Fragen, Handlungen oder Gestalten des »Prolog«, der »Nacht- bzw. der Studierzimmer«-Szene.*

Die Vorstellung der entstandenen Texte im Stuhlkreis nach dem bereits in Modul 5 erläuterten Maßgaben führt in der Regel zu intensiven Aussprachen über die im Prolog, in der Nacht- und in der Studierzimmerszene literarisch verarbeiteten Problemstellungen. Eine solche gerade auch durch vertieftes persönliches Nachdenken geprägte Phase, das dann im gemeinsamen Gespräch gespiegelt und vertieft werden kann, bedeutet ein bewusstes Innehalten. Der Erarbeitungsprozess mündet in eine individuelle Verarbeitung im Sinne der dritten Phase identitätsorientierten Literaturunterrichts (vgl. Kreft 1977, S. 379; Frederking 1999, S. 373 f.; 2010, S. 440 ff.).

Sigmund Freud
**Das Moitiv des Teufelspakts**

Wenn wir diese Teufelsverschreibung wie eine neurotische Krankengeschichte betrachten, wendet sich unser Interesse zunächst der Frage nach ihrer Motivierung zu, die ja mit der Veranlassung innig zusammenhängt. Warum verschreibt man sich dem Teufel? Dr. Faust fragt zwar verächtlich: Was willst du armer Teufel geben? Aber er hat nicht recht, der Teufel hat als Entgelt für die unsterbliche Seele allerlei zu bieten, was die Menschen hoch einschätzen: Reichtum, Sicherheit vor Gefahren, Macht über die Menschen und über die Kräfte der Natur, selbst Zauberkünste und vor allem anderen: Genuss, Genuss bei schönen Frauen. Diese Leistungen oder Verpflichtungen des Teufels pflegen auch im Vertrag mit ihm ausdrücklich erwähnt zu werden.
*(Aus: Siegmund Freud: Eine Teufelsneurose im siebzehnten Jahrhunden. GW 13, S. 324)*


Carl Gustav Jung
**Schatten und Projektion**

Eine andere, nicht minder wichtige und wohldefinierte Gestalt ist die des Schattens, der ebenso wie die der Anima entweder in der Projektion auf passende Personen, oder als solche personifiziert vielfach in Träumen erscheint. Der Schatten fällt zusammen mit dem »persönlichen« Unbewussten (welches dem Freudschen Begriff des Unbewussten entspricht). Wie die Anima, hat auch diese Gestalt bei den Dichtern öfters Darstellung erfahren. Ich erinnere an die Beziehung Faust-Mephistopheles, ebenso an Hoffmanns »Elixiere des Teufels«, um zwei besonders typische Schilderungen zu erwähnen. Die Figur des Schattens personifiziert alles, was das Subjekt nicht anerkennt und was sich ihm doch immer wieder – direkt oder indirekt – aufdrängt, also zum Beispiel minderwertige Charakterzüge und sonstige unvereinbare Tendenzen. Im Weiteren muss ich auch hier auf die Literatur verweisen.
*(Aus: Carl Gustav Jung: (1939) Bewusstsein, Unbewusstes und Individuation. GW 9,1, S.302)*

Texte . Medien
Didaktische Analyse

## Modul 10: Gretchentragödie I: Von Auerbachs Keller bis zur ersten Begegnung von Faust und Margarete

| Thema | Von Auerbachs Keller bis zur ersten Begegnung von Faust und Margarete |
|---|---|
| Texte – Medien | • V. 2073–2864<br>• M, S. 241–243 und 247<br>• A, S. 22–23<br>• Hörfassungen von Gründgens (1954), Netschájew (2000) oder Günther (2002)<br>• Faust und Gretchen auf der Texte.Medien-DVD in den Inszenierungen von Gründgens (1960), Dorn (1987) und Stein (2000)<br>• Folien und Folienstifte für die Einzel-, Partner- oder Gruppenarbeit (s. u.)<br>• PC/Netbook, PowerPoint, SymBoard oder Beamer/Whiteboard |
| Ziele | • Erarbeitung der psychologischen und dramatischen Funktion der Szenen »Auerbachs Keller« und »Hexenküche«<br>• Erfahrungsorientierte Annäherung und analytische Durchdringung der emotionalen Besonderheiten der ersten Begegnung des verjüngten Faust mit Gretchen<br>• Erfassen der doppelten Verführungsstrategie Mephistos in Bezug auf Faust und Gretchen<br>• Reflexion der biografischen Hintergründe der Gretchen-Gestalt<br>• Personale Applikation des Gelesenen |
| Methoden – Arbeitsformen | • Einzelarbeit, Partnerarbeit, Gruppenarbeit<br>• Plenumsdiskussion<br>• Szenische bzw. stimmliche Interpretation<br>• Vergleichende Film- bzw. Inszenierungsanalyse<br>• Handelnd-produktive und personal-kreative Verarbeitungen |
| Zeit | 3–4 Stunden |
| Hausaufgaben | Vorbereitende Lektüre: V. 2073–2864 |

**Vorüberlegungen**

Nach der Gelehrtentragödie steckt die so genannte Gretchentragödie (V. 2073–4612) den zweiten bedeutenden Handlungsrahmen in »Faust I« ab. Ehe deren zentrale Bestandteile und Abläufe in das Zentrum der Aufarbeitung im Unterricht rücken können, ist es allerdings zunächst sinnvoll, die Rahmung zu betrachten, die Goethe der Begegnung mit Gretchen vorgeschaltet hat.

**Die Rahmung der Gretchen-Tragödie: »Auerbachs Keller« und »Hexenküche«**

Die der Gretchentragödie vorangehenden Szenen »Auerbachs Keller« und »Hexenküche« haben beide eine spezifische dramatische Funktion. Sie verdeutlichen Stationen Fausts auf dem Weg in eine neue, der Welt zugewandte Lebensphase. Dies geschieht teilweise in Anlehnung an die literarischen Motive der Volksbücher und ihre Vorgaben, die Goethe in eigener Weise verarbeitet. Zu denken ist hier vor allem an die Szene in »Auerbachs Keller« (V. 2073–2336).

Demgegenüber ist die »Hexenküchen«-Szene (V. 2337–2604) in wesentlichen Teilen eine Neuschöpfung Goethes.

Um eine möglichst facettenreiche Erschließung anzubahnen, bietet es sich an, jede Szene von zwei konkurrierenden Gruppen aufbereiten zu lassen. Auf diese Weise ist sichergestellt, dass die zentralen Aspekte tatsächlich auch in der Summe erfasst werden.

Die beiden Gruppen, die sich mit der Szene »Auerbachs Keller« beschäftigen, erhalten den Arbeitsauftrag:

Beantworten Sie bitte folgende Fragen und übertragen Sie Ihre Ergebnisse in übersichtlicher Form auf Folie:
1. Vergleichen Sie die Wandgemälde[1] und den Auszug aus dem Volksbuch von Pfitzer mit Goethes Gestaltung der Szene. Wo und wie hat Goethe die Motive verändert?
2. Warum wird Faust von Mephisto an diesen Ort geführt? Was ereignet sich dort für ihn?
3. Wie reagiert Faust auf Mephistos Verführungsversuch?
4. Welche kulturgeschichtlichen Aussagen enthält der Text?

Die beiden Gruppen, die sich mit der Szene »Hexenküche« beschäftigen, erhalten den Arbeitsauftrag 1 aus dem Arbeitsheft (A, S. 22):
1. Warum wird Faust an diesen Ort bzw. in diese Zauberwelt geführt?
2. Was ereignet sich dort für ihn?
3. Wie lässt sich das Geschehen psychologisch deuten?
4. Vergleichen Sie die Zeichnung und den Text im Hinblick auf die Atmosphäre, den Inhalt und die Bedeutung des Zauberspiegels.

Die Vorstellung und Diskussion der Ergebnisse der vier Gruppen wird die wesentlichen inhaltlichen Besonderheiten und die dramaturgische Funktion der beiden Szenen ins Blickfeld heben (vgl. Arbeitsanregung 2, A, S. 22). Sollten einzelne Aspekte fehlen, kann der/die Lehrende diese gezielt im Unterrichtsgespräch ergänzen.

### Straße: Faust und Margarete

Vor diesem Hintergrund kann die erste Begegnung des verjüngten Faust mit Margarete bzw. Gretchen in der Szene »Straße« (V. 2605–2677) in den Mittelpunkt des Unterrichtsgeschehens rücken. Als Einstieg bietet sich das gemeinsame Betrachten von Karl Lagerfelds Fotokunst-Deutung der Beziehung von Gretchen (dargestellt durch Claudia Schiffer), Faust (dargestellt durch Christian Williams) und Mephistopheles (dargestellt durch David Copperfield) aus dem Jahre 1995 an, die im Materialienteil abgebildet ist (M, S. 241). Im Sinne von Arbeitsanregung 3 (M, S. 247) liegt die Diskussion der Frage nahe, wie gelungen das von Lagerfeld arrangierte Standbild ist und inwieweit die Charaktere, Motive und Verhaltensweisen von Gretchen, Faust und Mephisto getroffen werden. Vor diesem Hintergrund könnten die Schüler(innen) aufgefordert werden, eigene Standbilder zu versuchen und sie per Foto festzuhalten.

Alternativ verspricht eine szenische Interpretation der Verse 2605–2618 spannende Ergebnisse. Dazu sollten die Schüler(innen) 2er Gruppen bilden und die Szene bis zum Auftreten Mephistos szenisch interpretieren. Drei bis vier Varianten sollten anschließend vorgestellt und im Plenum besprochen werden.

Auf der Grundlage dieser erfahrungsorientierten Verarbeitung der Szene sollten inhaltliche und formale Fragen gemeinsam reflektiert werden. Dabei sind die theatralen Erfahrungen der Schüler(innen) behutsam zu erkunden und metareflexiv auszuwerten. Im Anschluss können die drei Ausschnitte zur Szene »Straße« aus den Inszenierungen von Gründgens (1960), Dorn (1987) und Stein (2000) betrachtet und diskutiert werden, die auf der der Textausgabe beigefügten DVD enthalten sind (vgl. dazu M, S. 247, Arbeitsanregung 2). Diese können per Beamer oder WhiteBoard präsentiert werden. Am WhiteBoard gibt es überdies die Möglichkeit, Szenenfotos zu machen, digital-schriftlich zu kommentieren und die Ergebnisse abzuspeichern. Noch besser aber ist es, wenn jede(r) Schüler(in) die auf der Mini-DVD der Textausgabe zur Verfügung stehenden Szenenausschnitte im Rahmen des auf der CD »Literatur des 20. Jahrhunderts« zugänglichen Kreativraums oder im SymBoard unter www.medid.de nebeneinander einfügt und zu jeder Inszenierung eine Schreibbox ergänzt.

Abbildung 6 zeigt eine mögliche Konfiguration. Danach kann jede(r) Schüler(in) die drei professionellen theatralen Interpretationen nacheinander rezipieren – nach Bedarf auch mehrmals, um erste Eindrücke und Hypothesen zu überprüfen – und die Ergebnisse in den Schreibboxen schriftlich festhalten. Diese können dann in einem eigenen Kursbereich im Intranet der Schule oder per Stick auf dem WhiteBoard präsentiert und diskutiert werden. Unter www.medid.de ist ein einfaches Umsetzungsbeispiel enthalten.

Ein besonderer Beobachtungs- bzw. Reflexionsauftrag könnte dabei der Frage gelten, worin im Urteil

---

[1] Vgl. L, S. 47, Abb. 4 und 5

der Schüler(innen) die Verhaltensweisen, Einstellungen und Motive von Faust und Margarete jeweils bestehen, wodurch sie beeinflusst werden und wie sie ihre szenische Darstellung in den Inszenierungen bei Gründgens, Dorn und Stein bewerten. Natürlich können und sollten auch die zeittypischen Ausprägungen reflektiert werden.

Der Auftrag im Heft, im Kreativraum oder im SymBoard die erste Begegnung von Faust und Margarete in die Jetztzeit zu transferieren und in aktuellem Zeitkolorit zu gestalten, könnte für die Schüler(innen) als Hausaufgabe ebenso interessant wie fruchtbar sein. Eine alternativ zur Wahl stehende Aufgabe könnte darin bestehen, die von Goethe gestaltete Szene der Erstbegegnung weiterschreiben zu lassen unter der Prämisse, dass Mephisto nicht eingreift. Auf dieser Grundlage könnte sich ein anderer Handlungsverlauf als möglich bzw. wahrscheinlich erweisen. Denn während Faust durch die Hexenküche in seiner Erstbegegnung mit Margarete noch stark durch sexuelle Wünsche bestimmt ist, weshalb Mephistopheles im Fortgang der Szene (V. 2618–2675) leichtes Spiel zu haben glaubt, lässt der intensivere Kontakt zu Margarete allmählich andere Motive in Faust die Oberhand gewinnen. Ohne das weitere Eingreifen Mephistos wäre die innere Logik des Geschehens möglicherweise nicht auf eine Tragödie zugesteuert. Im Anschluss an die Vorstellung der Hausaufgaben in der Folgestunde können diese Aspekte im Unterrichtsgespräch als Hypothesen benannt und im Fortgang des Unterrichts überprüft werden.

**Von der Lust zur Liebe**
Auf der Grundlage der Szenen »Abend« und »Spaziergang« (V. 2678–2864) lässt sich die Gretchenfigur in ihren Wesenszügen und Grundmotiven herausarbeiten. Mit der Abend-Szene gewinnt das von Goethe entworfene Bild von Gretchen an Kontur. Die »Spaziergang-Szene« macht die tiefgehende Wirkung Gretchens auf Faust deutlich. Diese lässt sich systematischer durch einen Vergleich von Fausts Aussagen und Motiven vor und nach der ersten Begegnung ermitteln. Tatsächlich ist es Goethe in diesen Versen gelungen, nachvollziehbar den verjüngten Faust als einen nicht mehr primär durch Lust, sondern durch Liebe Bestimmten in Szene zu setzen. Eine Erarbeitung dieser Aspekte im Plenumsgespräch kann unterstützt werden durch den Mitschrieb der genannten Aspekte auf entsprechend vorbereiteten Folien. Auf diese Weise kann auf die Ergebnisse im Fortlauf der Reihe zurückgegriffen werden.

Alternativ oder ergänzend können auch die Arbeitsanregungen im Arbeitsheft einbezogen werden (A, S. 23). Arbeitsanregung 1 fordert zur Untersuchung der Frage auf, in welcher Weise Faust und Gretchen von Mephisto jeweils in »Versuchung« geführt werden. Zwei Bilder – eine Zeichnung von Jens Rusch und eine Kunst-Fotografie von Karl Lagerfeld, veranschaulichen beide Versuchsebenen sehr schön: Die Schüler(innen) sind aufgefordert, nach entsprechenden Textbelegen zu suchen. Deren Auswertung erfolgt in Arbeitsanregung 2, insofern die Schüler(innen) hier in Thesenform notieren sollen, ob Mephisto bei Faust und Gretchen sein Ziel erreicht, d.h. wie sie auf die »Versuchungen« reagieren. Die Analyse wird in beiden Fällen erweisen, dass Mephisto scheitert, weil sowohl die sexuelle als auch die materielle Lust in der erwachenden Liebe ihren Einfluss zu verlieren beginnen.

Arbeitsanregung 3 (A, S. 24) fungiert als gedankliches Bindeglied zwischen diesem aus der Textanalyse zwangsläufig erwachsenden Befund und der Wandlung der Liebesbeziehung zur Katastrophe:

Arbeitsanregung 3: Überprüfen Sie Ihre Thesen durch eine detaillierte Analyse von Kernszenen der Gretchentragödie in themendifferenzierter Gruppenarbeit. Diskutieren Sie anschließend Ihre Ergebnisse im Plenum.

Wird diese Fragestellung gleichsam als Einrahmung für die Aufarbeitung des weiteren Verlaufs der Gretchentragödie genutzt, kann sie am Ende des nächsten Moduls erneut aufgegriffen und diskutiert werden.

Eine erweiterte Perspektive in Bezug auf die Gretchen-Gestalt ergibt sich, wenn mögliche autobiografische Hintergründe ergänzend in die Betrachtung einbezogen werden. Diese erschließen sich auf der Grundlage einer Passage aus dem um 1811 fertiggestellten fünften Buch von Goethes »Dichtung und Wahrheit«. Im Arbeitsheft ist die entsprechende Textstelle in den entscheidenden Teilen abgedruckt (Goethe 1811; A, S. 25). Die zugehörige Arbeitsanregung fordert zur vergleichenden Betrachtung heraus:

Welche Eigenschaften werden dem »biografischen« Gretchen von Goethe zugeschrieben? Wo sehen Sie Gemeinsamkeiten und Unterschiede zur Gretchengestalt im »Faust«?

Auf der Basis dieser biografischen Notiz werden mögliche biografische Grundlagen von Goethes Gretchen-Gestaltung erkennbar, die ja stark von der Faust-Literatur vor ihm abweicht.

Texte . Medien
Didaktische Analyse

Abb. 4

Abb. 5

Abb. 6

## Modul 11: Gretchentragödie II: Stationen auf dem Weg zur Katastrophe

| Thema | Gretchentragödie: Stationen auf dem Weg zur Katastrophe |
|---|---|
| Texte – Medien | • V. 2865–4612<br>• M, S. 242–247<br>• A, S. 24–26<br>• PC/Netbook, PowerPoint, SymBoard oder Beamer/Whiteboard; Folien und Folienstifte |
| Ziele | • Erarbeitung der wesentlichen inneren und äußeren Stationen zur Katastrophe<br>• Erfassen der dramatischen Gestaltung der Gretchentragödie<br>• Reflexion biografischer Hintergründe der Gretchen-Tragödie<br>• Personale Applikation des Gelesenen |
| Methoden – Arbeitsformen | • Einzelarbeit, Partnerarbeit, Gruppenarbeit<br>• Plenumsdiskussion<br>• Handelnd-produktive und personal-kreative Verarbeitungen |
| Zeit | 4–5 Stunden |
| Hausaufgaben | Vorbereitende Lektüre: V 2865–4612 |

### Vorüberlegungen

Nachdem in Modul 10 die Vorbereitung und die Exposition der Liebesgeschichte zwischen Faust und Margarethe im Zentrum der Aufmerksamkeit gestanden hat, rückt in Modul 11 der Fortgang in den Fokus und damit Stationen einer Liebesgeschichte, die zur Tragödie wird. Die erneute vorbereitende häusliche Lektüre der weiteren Szenen der Gretchentragödie (V. 2865–4612) bildet die Grundlage für eine projektorientierte Erarbeitung.

### Ein persönlicher Zugang

Ausgangspunkt der Auseinandersetzung könnte vor dem Hintergrund der erneuten häuslichen Lektüre der noch nicht behandelten Szenen ein personaler Zugang zum Gesamtkomplex der Gretchen-Tragödie in Form eines Schreibgespräches sein. Zu diesem Zweck schreibt jede(r) Schüler(in) auf ein DIN-A4-Blatt eine These, eine Frage, einen Gedanken oder eine Assoziation im Zusammenhang mit der Gretchen-Tragödie. Anschließend werden die Zettel mit vier bis fünf Sitznachbar(inne)n ausgetauscht, die das Notierte schriftlich kommentieren und diskutieren. Einige der entstandenen Schreibgespräche können dann im Plenum vorgestellt werden, um möglichst vielfältige Rezeptions- und Deutungsperspektiven ins Blickfeld zu bekommen. Schließlich lädt Goethe die Leser(innen) bzw. Zuschauer(innen) seines Dramas gerade im Zusammenhang mit der Geschichte um Gretchen zu mannigfachen Identifikationen ein. Das Geschehen ist emotional durchaus berührend, zuweilen auch irritierend und wirft mannigfache moralisch-ethische Fragen auf, die sich in einem freien Unterrichtsgespräch auf der Basis der Schreibgespräche reflektieren und diskutieren lassen.

### Stationen auf dem Weg zur Katastrophe

Auf dieser Grundlage wird für die folgenden drei bis vier Stunden eine projektartige Erarbeitung der noch nicht im Unterricht behandelten Szenen der Gretchentragödie vorgeschlagen. Als Grundlage können dabei die im Arbeitsheft (A, S. 24) abgedruckten Arbeitsanregungen dienen, die für insgesamt sieben themendifferenzierte Gruppen konkrete Vorschläge machen:

## Texte • Medien
### Didaktische Analyse

GRUPPE 1:
Arbeiten Sie auf der Grundlage der Szenen »Spaziergang« (V. 2805–2864), »Der Nachbarin Haus« (V. 2865–3024), »Straße« (V. 3025–3072), »Garten« (V. 3073–3204) und »Gartenhäuschen« (V. 3205–3216) die Grundhaltung von Faust und Gretchen und die wesentlichen Merkmale ihrer Liebesbeziehung heraus und stellen Sie Ihre Ergebnisse in übersichtlicher schematischer Form auf Folie oder im Rahmen einer PowerPoint-Präsentation (o. Ä.) dar.

GRUPPE 2:
Arbeiten Sie auf der Grundlage der Szenen »Spaziergang« (V 2805–2864), »Der Nachbarin Haus« (V 2865–3024), »Straße« (V 3025–3072), »Garten« (V 3073–3204) und »Gartenhäuschen« (V 3205–3216) die Grundhaltung von Mephistopheles und Marthe und die wesentlichen Merkmale ihrer Liebesbeziehung heraus und stellen Sie Ihre Ergebnisse in übersichtlicher schematischer Form auf Folie oder im Rahmen einer PowerPoint-Präsentation (o. Ä.) dar.

GRUPPE 3:
Arbeiten Sie auf der Grundlage der Szenen »Wald und Höhle« (V 3217–3373) und »Gretchens Stube« (V 3374–3413) kontrastiv Fausts und Gretchens Reaktionen und Verarbeitungen des Liebeserlebnisses heraus und stellen Sie Ihre Ergebnisse in übersichtlicher schematischer Form auf Folie oder im Rahmen einer PowerPoint-Präsentation (o. Ä.) dar.

GRUPPE 4:
Arbeiten Sie auf der Grundlage der Szene »Marthens Garten« (V 3414–3543) kontrastiv Gretchens und Fausts Religionsverständnis heraus und stellen Sie Ihre Ergebnisse in übersichtlicher schematischer Form auf Folie oder im Rahmen einer PowerPoint-Präsentation (o. Ä.) dar.

GRUPPE 5:
Arbeiten Sie auf der Grundlage der Szenen »Am Brunnen« (V 3544–3586), »Zwinger« (V 3587–3619), »Nacht« (V 3620–3775) und »Dom« (V 3776–3834) die Stationen zur Katastrophe und stellen Sie Ihre Ergebnisse in übersichtlicher schematischer Form auf Folie oder im Rahmen einer PowerPoint-Präsentation (o. Ä.) dar.

GRUPPE 6:[1]
Erarbeiten Sie die »Walpurgisnacht« (V 3835–4222) unter folgenden Fragestellungen: a) Welche Bedeutung haben das Sinnliche und das Dämonische in der Walpurgisnacht? B) Was bedeutet die Walpurgisnacht für Faust? C) Was bedeutet die Walpurgisnacht formal und inhaltlich für die Gretchenhandlung? Stellen Sie Ihre Ergebnisse in übersichtlicher schematischer Form auf Folie oder im Rahmen einer PowerPoint-Präsentation (o. Ä.) dar.

GRUPPE 7:
Arbeiten Sie auf der Grundlage der Szenen »Trüber Tag. Feld« (S. 166,1–168, 66), »Nacht. Offen Feld« (V 4399–4404) und »Kerker« (V 4405–4614) Fausts und Gretchens Verarbeitung der Geschehnisse und die »Rettung« Gretchens heraus und stellen Sie Ihre Ergebnisse in übersichtlicher schematischer Form auf Folie oder im Rahmen einer PowerPoint-Präsentation (o. Ä.) dar.

---

[1] Gruppe 6 kann überdies Abb. 7, L, S. 51, auf Folie kopiert zur Verfügung gestellt werden.

Eine **achte Gruppe** könnte ergänzend ein ebenfalls im Arbeitsheft (A, S. 26) enthaltenes biografisches Dokument bearbeiten und dadurch das Reflexionsspektrum erweitern. Die zugehörige Arbeitsanregung auf S. 26 des Arbeitsheftes fordert zur Analyse von Gemeinsamkeiten und Unterschieden mit Goethes Gestaltung der Gretchen-Tragödie auf.

Die insgesamt acht Gruppen sollten möglichst selbständig die ihnen gestellten Aufgaben bzw. Fragestellungen bearbeiten und die Ergebnisse für eine ebenso anschauliche und verständliche wie gründliche Präsentation aufbereiten (auf Folie, in PowerPoint oder im SymBoard). Dabei haben Erprobungen dieser Aufgabenstellung im Unterricht gezeigt, dass »dieses schülerzentrierte Grundarrangement […] der Lerngruppe die Möglichkeit zu einer eigenverantwortlichen und selbstorganisierenden Unterrichtsgestaltung« (Frederking 1999, S. 380) eröffnet und deshalb von vielen Lernenden sehr begrüßt wird.

Das Angebot, in einem wissenschaftspropädeutischen Sinne auf die Gruppenarbeitsergebnisse auch im Rahmen der Klausur zurückgreifen zu können – sei es in Form von Kopien oder als Aushang – dürfte den Intensitätsgrad in den Gruppenarbeiten noch einmal erheblich verstärken. Auch die Präsentation und Diskussion der Arbeitsergebnisse der Gruppen gewinnt vor diesem Hintergrund an Konzentration, weil natürlich die gesamte Lerngruppe ein gesteigertes Interesse daran hat, dass am Ende zu jeder Frage bzw. jedem Gruppenthema möglichst optimale bzw. vollständige Ausarbeitungen und Ergebnisse vorliegen.

### Literarische Werkstatt

Nachdem auf diese Weise die analytische Texterschließung einen Abschluss gefunden hat, bietet es sich an, den Schüler(inne)n in der Folgestunde Raum zur produktiven und personalen Verarbeitung der in der Gretchen-Tragödie enthaltenen Problemstellungen zu eröffnen. Arbeitsanregung 4 im Arbeitsheft (A, S. 24) fordert zu einer ersten reflexiven Auseinandersetzung auf. Im Rahmen einer »Literarischen Werkstatt« können diese analytischen Zugänge in kreativer Form ergänzt werden. Folgende Schreibarrangements haben sich bewährt:

1. »Persönlicher Brief« an einen toten Dichter
2. »Persönlicher Brief« an eine literarische Gestalt (Faust, Gretchen, Mephisto, Marthe)
3. Freier kreativer Text im Zusammenhang mit der Gretchen-Tragödie (z. B. Transfer einer Szene in die heutige Zeit)
4. Eine Rezension oder Satire (z. B. aus emanzipatorischer oder feministischer Sicht)

### Hintergründe zur Gretchentragödie

Vertiefen lassen sich die Diskussionen, die durch die von den Schüler(inne)n verfassten Texte mit großer Wahrscheinlichkeit ausgelöst worden sind, durch Auszüge aus der Sekundärliteratur, in denen die Gretchentragödie gerade in ihren biografischen Implikationen durchaus kontrovers diskutiert wird. Im Materialienteil stehen drei Texte zur Verfügung.

Zunächst ist hier Albrecht Schönes differenzierte Kommentierung der biografischen Hintergründe zu nennen (M, S. 242 f.). Arbeitsanregung 4 (M, S. 247) schlägt zur Bearbeitung eine Systematisierung der genannten Aspekte und ihre Diskussion im Plenum vor.

Mit dem Text »Goethe und seine Opfer« von Tilman Jens (M, S. 243 ff.) werden die Schüler(innen) mit einer sehr kritischen Wertung von Goethes Rolle in einem Gerichtsverfahren über die Kindsmörderin »Anna Catharina Höhn« konfrontiert. Der scharfen Polemik von Jens steht mit Albrecht Schönes differenzierter Analyse eine abgewogene und auf gerechte Beurteilung bedachte wissenschaftliche Stellungnahme gegenüber (M, S. 245 f.). Arbeitsanregung 5 (M, S. 247) fordert zu einer kritischen Reflexion und Diskussion der Thesen von Jens im Horizont der Erläuterungen Schönes auf.

Abb. 7

## Modul 12: Rezeption und mediale Gestaltung

| Thema | Rezeption und mediale Gestaltung – literarische bzw. ästhetische Urteilskompetenz |
|---|---|
| Texte – Medien | • V. 1–4612<br>• A, S. 27–29, 31<br>• M, S. 180–181<br>• Gründgens (1960), Dorn (1987) und Stein (2000)<br>• PC/Netbook, PowerPoint, SymBoard, Beamer/Whiteboard (www.medid.de), Folien und Folienstifte |
| Ziele | • Medialer Transfer und bewusster Einsatz filmsprachlicher Mittel |
| Methoden – Arbeitsformen | • Einzelarbeit, Partnerarbeit, Gruppenarbeit<br>• Plenumsdiskussion<br>• Szenische bzw. stimmliche Interpretation<br>• Vergleichende Film- bzw. Inszenierungsanalyse<br>• Handelnd-produktive und personal-kreative Verarbeitungen |
| Zeit | 2–6 Stunden |
| Hausaufgaben | A, S. 29 Aufgabe 1 |

**Vorüberlegungen**

Mit der analytischen Erarbeitung und Durchdringung sollte die Auseinandersetzung mit einem literarischen Werk nicht enden. Denn nur der Rückbezug des Gelesenen auf die eigene Lebens-, Erfahrungs- und Vorstellungswelt führt zu einer dauerhafteren Verankerung des Erarbeiteten im eigenen Denken der Schüler(innen) (vgl. Kreft 1977, 379 ff.; Frederking 1999, 373 ff.; 2010b, 439 ff.). Mit der literarischen Werkstatt am Ende der Gretchentragödie ist eine solche personale Applikation angebahnt worden. Im Rahmen von Modul 12 wird diese persönliche Verarbeitung des »Faust« in die allgemeine Rezeptionsperspektive und Rezeptionsgeschichte des Dramas und seiner Inszenierungen eingebunden. Damit weitet sich die Betrachtungsperspektive zum Abschluss der Unterrichtsreihe noch einmal erheblich.

**Wirkung und Rezeption**

Zu einem persönlichen Fazit in Bezug auf das gesamte Drama regen zwei Arbeitsaufträge im Materialienteil an (vgl. M, S. 254, Arbeitsanregung 1 und M, S. 261, Arbeitsanregung 6). Im Rahmen von PowerPoint, dem Kreativraum auf der CD-ROM »Literatur des 20. Jahrhunderts« (Bekes/Frederking 2010) oder im SymBoard unter www.medid.de soll individuell eine Satz-Bild-Ton-Film-Collage zu einem persönlich als zentral wahrgenommenen Aspekt von »Faust I« angefertigt werden. Auf diese Weise wird eine ganz persönliche Verarbeitung des Dramas angeregt, die anschließend in ihrem Ergebnis gegenseitig in Kleingruppen oder im Plenum vorgestellt und gewürdigt werden sollte.

Auf dieser Basis können einschlägige Dokumente aus der Rezeptions- und Deutungsgeschichte mit der Lerngruppe erarbeitet werden. Interessante Gesamtdeutungen hat Jens Rusch (1986) mit seiner auf dem Cover abgebildeten Zeichnung »Ambivalenz der Charaktere« zu Faust und Mephisto vorgenommen, insofern beide als auf geheimnisvolle Weise durch ein sichtbar gemachtes, eigentlich aber unsichtbares Band miteinander verbunden sind. Eine andere collageartig angefertigte Deutung von Rusch wird im Materialienteil präsentiert (M, S. 248), insofern Faust hier zusammen mit der Projektion eines Diktatorenmixes aus Hitler und Stalin dargestellt ist. Arbeitsanregung 2 (M, S. 254) schlägt eine assoziativ-kommunikative Verarbeitung in Form eines Schreibgespräches vor.

Mit dem kaum bekannten Text »Ich und ich« von Else Lasker-Schüler (M, S. 249–250) tritt eine sehr interessante Deutungsperspektive des Dramas ins Blickfeld, insofern Faust und Mephisto sich gemeinsam in der Hölle wiederfinden und dort u. a. auf ihren »Vetter« Adolf Hitler treffen. Die ironisch-bittere Verarbeitung des Stoffes ist deutlich durch die Entstehungsjahre 1940/41 geprägt und verdient eine intensivere Besprechung im Unterricht (vgl. M, S. 254, Arbeitsanregung 3).

Andere Dokumente der Rezeptionsgeschichte sind deutlich heiterer ausgerichtet. Schon das Werbeplakat zu einem Tafelwasser (M, S. 252), das heiter-ironisch mit dem Mephisto-Motiv arbeitet, lässt den Betrachter schmunzeln. Der Auszug aus dem Büchlein »Strafakte Faust. Goethes berühmte Triebtäter auf dem juristischen Prüfstand« von Jens Peter Gieschen und Klaus Meier aus dem Jahre 1992, der ebenfalls im Materialteil in Auszügen zugänglich ist (M, S. 252 f.), ist ebenso klug wie erheiternd, weil hier die Verhaltensweisen aller bedeutenden Protagonisten des Dramas von Faust und Mephisto bis zum Herrn mit der juristischen Brille beleuchtet werden – mit unerwarteten Ergebnissen. Zweifelsohne sollte Schüler(inne)n das Vergnügen dieser besonderen Verarbeitung des Themas nicht vorenthalten werden. In Arbeitsanregung 6 (M, S. 254) wird eine Weiterführung der Strafakte Faust angeregt. Alternativ oder ergänzend kann aber auch die umfassendere Lektüre der Fassung von Gieschen und Meier erfolgen.

Gleiches gilt für den im Arbeitsheft abgedruckten Auszug aus Christian Mosers sehr pfiffig gestalteter Comic-Satire zu Goethes Leben und Werk, in der ein »Faustischer« Teufelspakt zum Ausgangspunkt von Goethes einzigartiger Dichterkarriere wird (A, S. 31). Die Seiten machen Lust zum Lesen des gesamten Comics – was ausdrücklich empfohlen wird – oder/und zur eigenständigen Verarbeitung einer Lebensphase Goethes oder einer Szene aus dem »Faust« in Comicform.

Im Medium auf den ersten Blick ernsthafter ausgerichtet sind die im Arbeitsheft abgedruckten Dokumente zu der Faustina-Tradition, d. h. zu weiblichen Faust-Gestalten. Das Genre geprägt hat insbesondere Ida von Hahn-Hahn mit ihrem Roman »Gräfin Faustine« (1840), der acht Jahre nach dem Erscheinen des zweiten Teils von Goethes Faust erschien und ein großer Publikumserfolg wurde. Wie in Arbeitsanregung 1 und 2 im Arbeitsheft vorgeschlagen (A, S. 29), könnten die Schüler(innen) aus dem abgedruckten Textauszug zunächst wesentliche Aspekte im Selbst-, Fremd- und Weltbild des weiblichen »Faust« herausarbeiten und anschließend dazu Stellung nehmen – unter Einbeziehung der Fotografie eines weiblichen »Faust« zu Beginn des 20. Jahrhunderts.

Ein anderer Akzent wird in dem Textauszug aus Willi Jaspers Studie »Faust und die Deutschen« aus dem Jahre 1998 erkennbar (M, S. 250 ff.). Polemisch, aber scharfsinnig setzt sich Jasper mit der Tradition der überhöhend-verklärenden Faust-Rezeption in Deutschland auseinander. Die kritische Auseinandersetzung mit Jaspers Thesen lässt interessante Diskussionen erwarten (vgl. Arbeitsanregung 4, M, S. 254).

Ein breites Set an weiteren medialen Adaptationen auf visueller und auditiver Ebene ist in einer jüngst erschienenen Publikation ausführlicher beschrieben (vgl. Frederking 2010a).

### Faust-Inszenierungen – Kritik und Eigenversuch

Die im Lauf der Unterrichtsreihe immer wieder zum Einsatz gebrachten Filmausschnitte aus den Inszenierungen von Gründgens (1960), Dorn (1987) und Stein (2000) könnten am Ende der Auseinandersetzung mit dem »Faust« bei ausreichender Zeit insgesamt aus theaterkritischer Perspektive in den Blick genommen werden. Vielleicht werden weitere Ausschnitte aus den Inszenierungen an einem Filmabend gemeinsam angeschaut und in ihrer ästhetischen Gestaltung, in erkennbar werdenden Deutungsansätzen, in Schauspielerleistungen etc. besprochen. Noch besser ist es natürlich, wenn außerdem auch noch eine Faust-Inszenierung mit der Lerngruppe besucht werden kann.

Einen spezifischen Zugang zu theaterkritischen kulturellen Praktiken eröffnen die beiden im Materialienteil abgedruckten Kritiken zu Peter Steins legendärer Faust-Inszenierung aus dem Jahre 2000. Mit Peter Kümmel (M, S. 257 f.) und Eckehart Krippendorff (M, S. 258 ff.) sind Auszüge aus zwei sehr unterschiedlich wertenden Theaterkritiken zugänglich. Arbeitsanregung 5 (M, S. 261) fordert zu einer kritischen Auseinandersetzung heraus. Überprüft werden können diese theaterkritischen Diskussionen auf der Grundlage eigener Beobachtungen. Die Arbeitsanregungen 3 und 4 auf der letzten Seite des Materialienteils (M, S. 261) eröffnen dazu Raum. Allerdings ist die Perspektive erweitert, insofern neben der Stein-Inzse-

**Texte • Medien**
**Didaktische Analyse**

nierung auch diejenigen von Gründgens und Dorn mit einbezogen werden.

Von der Analyse der im Rahmen der Reihe besprochenen Inszenierungen kann der Weg natürlich zur systematischen eigenen theatralen Erprobung zurückführen. Nachdem im Kontext der einzelnen Module immer wieder stimmliche oder theatrale Erschließungen einzelner Szenenausschnitte angeregt wurden, kann am Ende der Unterrichtsreihe mit der Lerngruppe eine Umsetzung einzelner Szenen oder sogar des gesamten »Faust« in Angriff genommen werden. Der Materialienteil enthält dazu einen konkreten Vorschlag, der auch die Dokumentation auf Video mit einbezieht (M, S. 261, Arbeitsanregung 2).

### Eine Dramenkritik in Theaterform

Den ebenso lustvollen wie interessanten Abschluss der gesamten Unterrichtsreihe kann ein spezifisches methodisches Arrangement zur Aktualisierung und allgemeinen Applikation des bislang Erarbeiteten bilden: eine Pro- und Kontra-Debatte in Rollenspiel-Form. Der im Arbeitsheft abgedruckte Arbeitsauftrag auf Seite 27 und 28 beschreibt das fiktive Rahmenarrangement:

### Thema: Ist Goethes »Faust« noch aktuell und eine Behandlung im Deutschunterricht sinnvoll?

1. Stellen Sie sich vor, Sie sind als Teilnehmer(in) eines literarischen Symposions geladen. Dieses beschäftigt sich mit der Frage: Ist Goethes »Faust« noch aktuell und eine Behandlung im Deutschunterricht sinnvoll? Zwei Lager – eine Pro-Faust- und eine Kontra-Faust-Gruppe stehen sich auf dem Symposion gegenüber und diskutieren leidenschaftlich miteinander.
2. Schlüpfen Sie in eine der unten aufgeführten Rollen in der Pro- oder in der Kontra-Gruppe. (Achten Sie innerhalb Ihrer Lerngruppe aber darauf, dass jede Rolle innerhalb einer Gruppe nur einmal vergeben bzw. vertreten wird.)

Nachdem der Arbeitsauftrag besprochen und mögliche Fragen geklärt sind, sollte sich der Kurs in eine Pro- und eine Kontra-Gruppe aufteilen. Aus den im Mittelteil von Seite 27 im Arbeitsheft vorgeschlagenen Rollenprofilen könnte sich jede(r) Schüler(in) anschließend ein für ihn bzw. sie interessantes Profil auswählen. Nach Möglichkeit sollten alle Rollenprofile besetzt sein. Die umfangreichen und sehr differenzierten Empfehlungen zur Vorbereitung auf das Rollenspiel in Arbeitsanregung 3 auf den Seiten 27 und 28 des Arbeitsheftes erläutern im Detail, was jede(r) einzelne Schüler(in) zur Einfindung in die eigene Rolle tun kann und sollte. Auf den unten abgedruckten Rollenkarten sind in Stichworten erste grobe Anhaltspunkte als Hilfestellung notiert, um potenzielle Ängste abzubauen und auch leistungsschwächeren Schüler(inne)n eine fruchtbare eigenaktive Mitwirkung zu ermöglichen.

Der zweite Teil von Arbeitsanregung 3 beschreibt dann detailliert, in welcher Form sich die beiden Gruppen anschließend auf die Debatte vorbereiten und einstimmen sollten. Wichtig ist dabei, dass jede Gruppe sich bei der Vorbereitung vor allem auf kritische Fragen an die andere Gruppe bzw. einzelne Vertreter(innen) konzentriert. Aus jedem individuellen Rollenprofil heraus sollten ein bis zwei oder drei entsprechende Fragen an die Gegenseite und den entsprechenden persönlichen Repräsentanten vorbereitet werden. Die auf S. 27 aufgeführten Rollenprofile zeigen die potenziellen Ansprechpartner in der Gegengruppe.

Im Sinne von Arbeitsanregung 4 sollten dann nach Möglichkeit die Tische in zwei gegenüberstehenden Reihen aufgestellt werden und sich die Schüler(innen) so setzen, dass die beiden Gruppen einander gegenübersitzen. Im Anschluss an eine kurze Anmoderation des fiktiven Literatursymposions zu Goethes »Faust« durch den bzw. die Lehrende(n) kann die Debatte beginnen. Haben die Schüler(innen) ihre kritischen Fragen an die Gegenseite gut vorbereitet und durchdacht, steht einer ebenso interessanten, facettenreichen und lebendigen Diskussion des »Faust« nichts mehr im Wege. Wenn die Debatte gut läuft, kann der/die Lehrende sich ganz auf die behutsame Moderation und das gelegentliche Setzen von thematischen Impulsen beschränken. Dann diskutieren die Schüler(innen) aus sich heraus – ohne Leitfragen des bzw. der Lehrenden, nur mit ihren kritischen Fragen an die Gegenseite als immer neuen Impulsgebern.

Der bzw. die Lehrende kann sich in einem solchen Fall ganz auf das Notieren von Kernargumenten beider Seiten auf Folie beschränken, diese am Ende des Rollenspiels als Ergebnissicherung präsentieren und zur nächsten Stunde für alle kopieren. Ein Fragebogen (siehe unten), der am Ende der Stunde verteilt wird, gibt den Schüler(inne)n anschließend Raum zur individuellen Verarbeitung der im Rollenspiel gemachten Erfahrungen, zur Formulierung von Verbesserungsvorschlägen und zur persönlichen Beantwortung der Frage, inwieweit Goethes »Faust« in ihrem Urteil nun tatsächlich noch aktuell und eine Behandlung im Unterricht noch sinnvoll ist? Mit Arbeitsanregung 6 (M, S. 261) könnten die Schüler(innen) auf dieser Basis noch einmal die Gelegenheit erhalten, eine abschließende Wertung des Faust-Dramas in Form einer Collage vorzunehmen. In der Folgestunde kann in Anknüpfung an diese schriftlich formulierten Einschätzungen ein allgemeines Metagespräch zur Debatte in Rollenspielform, zum gesamten Drama und seiner Behandlung im Unterricht erfolgen.

Texte • Medien
Didaktische Analyse

# Fragebogen zur Auswertung der Faust-Reihe

1. Wie haben Sie Goethes »Faust« zu Beginn unserer Reihe gesehen und wie beurteilen Sie ihn nach deren Abschluss?

2. Was hat Ihnen in unserer Faust-Reihe besonders gut gefallen?

3. Wo sehen Sie Möglichkeiten bzw. Notwendigkeiten zur Verbesserung in der Konzeption der Faust-Reihe?

4. Wie haben Sie die Unterrichtsreihe persönlich erlebt? Was hat Sie Ihnen gebracht?

# Vorschläge für Klausuren

Sie haben die Wahl zwischen einem der drei unten aufgeführten Klausurthemen:

## Klausur I

Erarbeiten Sie zunächst vor dem Hintergrund der unterschiedlichen Selbst-, Welt- und Menschenbilder die Voraussetzungen, Bedingungen und Motive der Wetten zwischen dem Herrn und Mephisto auf der einen und zwischen Faust und Mephisto auf der anderen Seite. Diskutieren Sie anschließend auf dieser Grundlage und unter Heranziehung von Textbelegen die Frage, ob und inwiefern sich einer (bzw. mehrere) der Beteiligten im ersten Teil von Goethes Werk berechtigterweise als Wettsieger verstehen kann (bzw. können).

## Klausur II

Arbeiten Sie zunächst das Grundproblem, die Kernthesen und die herausragendsten Prämissen, Begründungen, Schlussfolgerungen und Beispiele der beiliegenden Sekundärtexte heraus. Diskutieren Sie anschließend die Positionen der beiden Autoren vor dem Hintergrund Ihrer eigenen, ganz persönlichen Interpretation der Gretchengestalt bzw. der Gretchentragödie und belegen Sie Ihre Sichtweise am Text.

## Klausur III

Stellen Sie sich vor, Sie nähmen an einer Tagung teil, zu der neben Studenten, Lehrern, Professoren und Bildungspolitikern auch Schüler eingeladen worden sind und auf der die Frage diskutiert werden soll, ob und inwieweit Goethes »Faust« aktuell und eine Behandlung im Unterricht noch sinnvoll ist. Arbeiten Sie einen Redetext zu dieser Tagung aus, in dem Sie auf der Grundlage einiger der von uns im Unterricht behandelten Themen- und Problemkomplexe Ihre ganz persönliche Beurteilung der Frage darlegen und am Text belegen.

*Gutes Gelingen!*

# Literaturempfehlungen/Medien

*Abraham*, Ulf: (1999) Vorstellungsbildung und Literaturunterricht. In: Kaspar H. Spinner (Hrsg.): Neue Wege im Literaturunterricht. Informationen-Hintergründe-Arbeitsanregungen. Hannover: Schroedel 1999. S. 10–20.

*Agrippa* von Nettesheim: Die magischen Werke und weitere Renaissancetraktate. Hrsg. und eingeleitet von Marco Frenschkowski. Wiesbaden: marix Verlag 2008. S. 55.

*Anders*, Günther: (1956) Das heutige Unendliche sind wir – Faust ist tot. In: Ebd.: Die Antiquiertheit des Menschen. Band 1. Über die Seele im Zeitalter der zweiten industriellen Revolution. München: Beck 1994. S. 239–242.

*Arens*, Hans: (1982) Kommentar zu Goethes Faust I. Heidelberg 1982.

*Barthes*, Roland: (1967): Der Tod des Autors. In: Fotis Jannidis (Hrsg.): Texte zur Theorie der Autorschaft. Stuttgart 2000. S. 185–193.

*Boerner*, Peter: (1964) Goethe. Reinbek bei Hamburg: Rowohlt 1964.

*Conrady* Karl O.: (1999) Goethe, Leben und Werk. Mannheim: Artemis & Winkler 1999.

*Die Zeit*: (1997) Der deutsche Literatur-Kanon. Nr. 21. 16.05.1997.

*Emrich*, Wilhelm: (1943) Die Symbolik von Faust II. Königstein/ Ts.: Athenäum 1981.

*Frederking*, Volker (1999): Goethes Faust – ein rezeptions-, motiv- und mediengeschichtliches Modell in handlungs- und identitätsorientierter Perspektive. In: Bodo Lecke (Hrsg.): (2000) Dauer im Wechsel? Goethe und der Deutschunterricht. Frankfurt am Main/ Berlin/ Bern/ New York/ Paris/ Wien: Lang 2000. S. 355–389.

*Frederking*, Volker: (2000) Identitätsorientierung im Literaturunterricht am Beispiel von Max Frischs »Andorra«. In: Blattmann, Ekkehard/Frederking, Volker (Hrsg.): Deutschunterricht konkret. Band I. Literatur und Medien. Baltmannsweiler: Schneider 2000. S. 43–101.

*Frederking*, Volker: (2001) Peter Härtlings »Ben liebt Anna«. Identitätsorientierter Umgang mit einem Klassiker der Kinder- und Jugendliteratur im Zeichen von Individualisierung, Pluralisierung und Medialisierung. In: Köppert, Christine / Metzger, Klaus (Hrsg.): »Entfaltung innerer Kräfte«. Blickpunkte der Deutschdidaktik. Festschrift für Kaspar H. Spinner anlässlich seines 60. Geburtstages. Velber: Friedrich Verlag 2001. S. 92–110.

*Frederking*, Volker: (2003a) »Es werde von Grund aus anders«!? Leseinteresse, Lernmotivation und Selbstregulation im Deutschunterricht nach »PISA« und »IGLU«. In: Abraham, Ulf/Bremerich-Vos, Albert/Frederking, Volker/Wieler, Petra (Hrsg.): Deutschdidaktik und Deutschunterricht nach PISA. Freiburg: Fillibach 2003. S. 249–278.

*Frederking*, Volker: (2004) Identitätsorientierung, Medienintegration und ästhetische Bildung – eine theoriegeschichtliche Spurensuche. In: Hartmut Jonas/Petra Josting (Hrsg.): Medien – Deutschunterricht – Ästhetik. Jutta Wermke zum 60. Geburtstag gewidmet. München: KoPäd 2004. S. 141–162.

*Frederking*, Volker/*Krommer*, Axel: (2005) »Faust« für Kinder. In: Deutschunterricht 4 (2005). S. 50–54.

*Frederking*, Volker: (2010a) Goethes »Faust« im symmedialen Literaturunterricht. In: Mitteilungen des deutschen Germanistenverbandes. Bestseller des 21. Jahrhunderts. Herausgegeben von Martin Huber und Albert Meier. V&R unipress. 2 (2010) 57. S. 220–236.

*Frederking*, Volker: (2010b) Identitätsorientierter Literaturunterricht. In: Volker Frederking/Hans-Werner Huneke/Axel Krommer/Christel Meier: Taschenbuch des Deutschunterrichts. 3 Bde. Bd. 2: Literatur- und Mediendidaktik. Baltmannsweiler: Schneider 2010. S. 414–451.

*Frederking*, Volker: (2010c) Symmedialer Literaturunterricht. In: Volker Frederking/ ans-Werner Huneke/Axel Krommer/ hristel Meier: Taschenbuch des Deutschunterrichts. 3 Bde. Bd. 2: Literatur- und Mediendidaktik. Baltmannsweiler: Schneider 2010. S. 515–545.

*Freud*, Siegmund: Eine Teufelsneurose im siebzehnten Jahrhundert. GW 13. S. 324.

*Friedrich*, Theodor/Scheithauer, Lothar J.: (1959) Kommentar zu Goethes Faust. Stuttgart: Reclam 1991.

*Gabler*, Karl: (1938) Faust-Mephisto – der deutsche Mensch. Mit erläuternder Darlegung des romantischen und des Realinhalts von Goethes »Faust«. Berlin 1938.

*Gaier*, Ulrich: (1989) Goethes Faust-Dichtungen. Ein Kommentar. Bd. 1 Urfaust. Stuttgart: Reclam 1990.

*Gebhard*, Walter: (1983) Im Streit um die Klassik. Anmerkungen zur didaktischen Diskussion über die Antiquiertheit klassischer Literatur. In: Richter, Karl/Schönert, Jörg (Hrsg.): (1983) Klassik und Moderne. Die Weimarer Klassik als historisches Ereignis und Herausforderung im kulturgeschichtlichen Prozeß. Stuttgart: Metzler 1983. S. 482–503.

*Giesecke*, Michael (1991): Der Buchdruck in der frühen Neuzeit. Eine historische Fallstudie über die Durchsetzung neuer Informations- und Kommunikationstechnologien. Frankfurt/Main: Suhrkamp 1991.

*Goethe*, Johann Wolfgang von: (HA) Hamburger Ausgabe in 14 Bänden (HA). Textkritisch durchgesehen und kommentiert von Erich Trunz. München: dtv 1988.

*Goethe*, Johann Wolfgang von: (1790) Faust, ein Fragment. In: ders. (1775/1790/1808): Urfaust – Faust. Ein Fragment – Faust. Eine Tragödie. Paralleldruck der drei Fassungen. 2 Bde. Herausgegeben von Werner Keller. Frankfurt am Main: Insel Taschenbuch 1985

*Goethe*, Johann Wolfgang von: (1808) Faust. Eine Tragödie. Erster Teil. In: ders.: Werke. Hamburger Ausgabe in 14 Bänden. Band 3. Dramatische Dichtungen I. Textkritisch durchgesehen und kommentiert von Erich Trunz. München 1988 S. 7–145.

*Goethe*, Johann Wolfgang von: (1819) Brief an J.F. Rochlitz am 13.06.1819. In: ders.: Gedenkausgabe der Werke, Briefe und Gespräche. Hrsg. von Ernst Beutler. 24 Bde. und 3 Ergänzungsbände. Bd. 21. Zürich: Artemis-Verlag 1948–1971.

*Goethe*, Johann Wolfgang von: (1832) Faust. Der Tragödie Zweiter Teil. In: Goethe, Johann Wolfgang von: Werke. Hamburger Ausgabe in 14 Bänden. Band 3. Dramatische Dichtungen I. Textkritisch durchgesehen und kommentiert von Erich Trunz. München 1988 S. 146–364.

*Goethe*, Johann Wolfgang von: Briefe. Hamburger Ausgabe. 6 Bde. München: dtv 1988.

*Goethe*, Johann Wolfgang/Schiller, Friedrich: (1797) Über epische und dramatische Dichtung (1797). Aus: F. Sch.: Vom Pathetischen und Erhabenen. Ausgewählte Schriften zur Dramentheorie. Hrsg. von Klaus L. Berghahn. Stuttgart: Reclam 1970. S. 101–103.

*Grabbe*, Christian Dietrich (1829): Don Juan und Faust. Eine Tragödie in vier Akten. Stuttgart: Reclam 1994.

*Grünwaldt*, Hans-Joachim: (1970) Sind Klassiker etwa nicht antiquiert? In: Diskussion Deutsch 1 (1970). S. 16–31.

*Haas*, Gerhard: Handlungs- und produktionsorientierter Literaturunterricht. Theorie und Praxis eines »anderen« Literaturunterrichts für die Primar- und Sekundarstufe. Seelze: Kallmeyer 1997.

*Hacks*, Peter: (1977) Faust-Notizen. In: Ebd.: Die Maßgaben der Kunst. Gesammelte Aufsätze. Düsseldorf: Claassen Verlag 1977.

*Hartmann*, Horst: (1982) Faustgestalt, Faustsage, Faustdichtung. Berlin (Ost) 1982.

*Hinderer*, Walter: Was sollen Schüler lesen? In: Die Zeit. Prominente beantworten die ZEIT-Umfrage nach einem neuen Literatur-Kanon. 16. Mai 1997

*Hucke*, Karl-Heinz: (1992) Figuren der Unruhe: Faust-Dichtungen. Tübingen: Niemeyer 1992.

*Jannidis*, Fotis/Lauer, Gerhard/Martinez, Matias/Winko, Simone (1999a): Rückkehr des Autors. Zur Erneuerung eines umstrittenen Begriffs. Tübingen: Niemeyer 1999.

*Jannidis*, Fotis/Lauer, Gerhard/Martinez, Matias/ Winko, Simone (1999b): Rede über den Autor an die Gebildeten unter seinen Verächtern. Historische Modelle und systematische Perspektiven. In: Ebd.: »Rückkehr des Autors. Zur Erneuerung eines umstrittenen Begriffs« Tübingen: Niemeyer 1999. S. 3–35.

*Jannidis*, Fotis/Lauer, Gerhard/Martinez, Matias/ Winko, Simone (1999c): Rede über den Autor an die Gebildeten unter seinen Verächtern. Historische Modelle und systematische Perspektiven. In: Ebd.: »Rückkehr des Autors. Zur Erneuerung eines umstrittenen Begriffs« Tübingen: Niemeyer 1999.
http://iasl.uni-muenchen.de/discuss/lisforen/autor-inhalt.html .

*Jasper*, Willi: (1998) Faust und die Deutschen. Berlin: Rowohlt 1998.

*Jezler*, Peter: (Hrsg.) Himmel, Hölle, Fegefeuer. Das Jenseits im Mittelalter. München: Fink, 1994. S. 363.

*Jung*, Carl Gustav: (1939) Bewußtsein, Unbewußtes und Individuation. GW 9/1, S. 302 § 513. Copyright Stiftung der Werke von C.G. Jung, Zürich.

*Kaiser*, Gerhard: (1994) Ist der Mensch zu retten? Vision und Kritik der Moderne in Goethes »Faust«. Freiburg im Breisgau: Rombach 1994.

*Kammler*, Clemens: (2000a) »Ein Spiel, bei dem man nicht gewinnt«. Diskurskritische Unterrichtsvorschläge zu Goethes »Faust«. In: Jürgen Förster (Hrsg.): Schulklassiker lesen in der Medienkultur. Stuttgart/Düsseldorf/ Leipzig 2000. S. 58–79.

*Kammler*, Clemens: (2000b) Kann die Schule von den »Neuen Literaturtheorien« profitieren? Goethes »Faust« und die Diskursanalyse. In: Jürgen Förster (Hrsg.): Wie viel Germanistik brauchen DeutschlehrerInnen? Fachstudium und Praxisbezug. Kassel 2000. S. 139–162.

*Kammler*, Clemens: (2000c) Diskurskritische Vorschläge zu Goethes »Faust«. In: Kammler, Clemens: Neue Literaturtheorien und Unterrichtspraxis. Positionen und Modelle. Baltmannsweiler: Schneider 2000. S. 24–40.

*Keller*, Werner: (1972) Der Dichter in der »Zueignung« und im »Vorspiel auf dem Theater«. In: Keller, Werner (Hrsg.): Aufsätze zu Goethes »Faust I«. Darmstadt 1974. S. 151–191.

*Keller*, Werner: (1974) (Hrsg.): Aufsätze zu Goethes »Faust I«. Darmstadt: Wissenschaftliche Buchgesellschaft 1974.

*Keller*, Werner: (1992) (Hrsg.) Aufsätze zu Goethes »Faust II«. Darmstadt: Wissenschaftliche Buchgesellschaft 1992.

*Korff*, Hermann August: (1938) Faustischer Glaube. Versuch über das Problem humaner Lebenshaltung. Leipzig 1938.

*Kreft*, Jürgen: (1977) Grundprobleme der Literaturdidaktik. Eine Fachdidaktik im Konzept sozialer und individueller Entwicklung und Geschichte. Heidelberg: Quelle & Meyer 1982.

*Loeper*, Gustav von: (1870) Faust. Eine Tragödie von Goethe. Mit Einleitung und erklärenden Anmerkungen. 2 Bde. Berlin 1879.

*Lohmeyer*, Dorothea: (1975) Faust und die Welt. Der 2. Teil der Dichtung. Eine Anleitung zum Lesen des Textes. München: Beck 1975.

*Lukácz*, Georg: (1940/53) Die Gretchen-Tragödie. In: Keller, Werner (Hrsg.): Aufsätze zu Goethes »Faust I«. Darmstadt: Wissenschaftliche Buchgesellschaft 1974. S. 476–495.

*Mahal*, Günter: (1980) Faust. Der Mann aus Knittlingen. Pforzheim: Dettling 1980. S. 68.

*Mahal*, Günter: (1997) Faust. Und Faust. Der Teufelsbündler in Knittlingen und Maulbronn. Tübingen: Attempto 1997. S. 56–57.

*Michel*, Christoph: (Hrsg.): (1982) Goethe. Sein Leben in Bildern und Texten. Frankfurt am Main: Insel Verlag 1987.

*Moeller van der Bruck*, Arthur: (1907) Goethe. In: Ebd.: Die Deutschen. Unsere Menschengeschichte. Sechster Band. Minden i.W. 1907.

*Nawrath*, Willi-Klaus: (1986) Stundenblätter »Faust«. Erster und zweiter Teil. Stuttgart: Klett 1991.

*Nawrath*, Willi-Klaus: (1990) Arbeitsmaterialien Deutsch. Zu Johann Wolfgang von Goethe: Faust – Texte und Bilder. Stuttgart 1990.

*Obernauer*, Karl Justus: (1922) Der faustische Mensch. Vierzehn Betrachtungen zum zweiten Teil von Goethes Faust. Jena 1922.

*Rosenberg*, Alfred: (1930) Der Mythus des 20. Jahrhunderts. München: Hoheneichen 1930.

*Schanze*, Helmut: (1999) Faust-Konstellationen. Mythos und Medien. München: Fink 1999.

*Scheidig*, Kurt: Doktor Fausts Höllenfahrt. Puppenspiel. Nach den alten Texten gereimt und in neuer Gewandlung vorgelegt. Jahresgabe der Faust-Gesellschaft 1971. Stuttgart.

*Schlaffer*, Heinz: Faust. Zweiter Teil. Die Allegorie des 19. Jahrhunderts. Stuttgart/Weimar: Metzler 1981.

*Scholz*, Gerhard: (1967) Faust-Gespräche. (Ost)Berlin 1967.

*Schöne*, Albrecht: (1994a) Johann Wolfgang von Goethe: Faust – Eine Tragödie. Kommentare. 2. Bd. Frankfurt am Main: Deutscher Klassiker Verlag 1999.

*Schulz*, Gerhard: (1986) Aktualität und Historizität. Probleme der Literaturgeschichtsschreibung, dargelegt an Beispielen aus der Zeit um 1800. In: Wittkowski, Wolfgang (Hrsg.) Verlorene Klassik? Ein Symposium. Tübingen 1986.

*Schwerte*, Hans: (1962) Faust und das Faustische. Ein Kapitel deutscher Ideologie. Stuttgart: Klett 1962.

*Spengler*, Oswald: (1918) Der Untergang des Abendlandes. Umrisse einer Morphologie der Weltgeschichte. 2 Bde. München 1972.

*Spies*, Johann: (1587) Historia von D. Johann Fausten. In: Helmut Wiemken (Hrsg.): Doctor Fausti Weheklag. Die Volksbücher von D. Johann Faust und Christoph Wagner. Bremen: Carl Schünemann 1980. S. 1–135.

*Spinner*, Kaspar H. (Hrsg.): (1980) Identität und Deutschunterricht. Göttingen: Vandenhoeck & Ruprecht 1980.

*Spinner*, Kaspar H. (1993) Von der Notwendigkeit produktiver Verfahren im Literaturunterricht. In: Diskussion Deutsch 133 (1993). S. 1–6.

*Spinner*, Kaspar H. (1999) Produktive Verfahren im Literaturunterricht. In: Spinner, Kaspar H. (Hrsg.): Neue Wege im Literaturunterricht. Informationen-Hintergründe-Arbeitsanregungen. Hannover: Schroedel 1999. S. 33–41.

*Spinner*, Kaspar H. (2001) Kreativer Deutschunterricht. Identität – Imagination – Kognition. Seelze: Kallmeyersche Verlagsbuchhandlung 2001.

*Spinner*, Kaspar H. (2010). Handlungs- und produktionsorientierter Literaturunterricht. In: Volker Frederking/Hans-Werner Huneke/Axel Krommer/Christel Meier: Taschenbuch des Deutschunterrichts. 3 Bde. Bd. 2: Literatur- und Mediendidaktik. Baltmannsweiler: Schneider 2010. S. 311–325.

*Staiger*, Emil: (1952–59) Goethe. 3 Bde. Zürich/Freiburg 1978.

*Stein*, Guido (Hrsg.): (1972) Johann Wolfgang von Goethe. Faust Der Tragödie erster Teil. Texte und Materialien. Düsseldorf: Schwann-Bagel 1986.

*Trunz*, Erich: (1948 ff.) Kommentarteil. Johann Wolfgang von Goethe. Werke. Hamburger Ausgabe. Bd. 3. Dramatische Dichtungen I. München: Beck 1988. S. 423–775.

*Waldmann*, Günter (1996) Produktiver Umgang mit dem Drama. Eine systematische Einführung in das produktive Verstehen traditioneller und moderner Dramenformen und das Schreiben in ihnen. Für Schule und Hochschule. Baltmannsweiler: Schneider 1996. S. 117.

*Waldmann*, Günter: (1998) Produktiver Umgang mit Literatur im Unterricht. Grundriss einer produktiven Hermeneutik. Baltmannsweiler: Schneider 1998.

*Wermke*, Jutta: (1997) Integrierte Medienerziehung im Fachunterricht. Schwerpunkt: Deutsch. München: KoPäd Verlag 1997.

*Wermke*, Jutta: (1999) Medienerziehung im Deutschunterricht – mit Unterrichtsanregungen zu auditiven Medien. In: Kaspar H. Spinner (Hrsg.): Neue Wege im Literaturunterricht. Informationen-Hintergründe-Arbeitsanregungen. Hannover: Schroedel 1999. S. 54–63.

*Wiese*, Benno von: (1948a) Die Paradoxie des Teufelspaktes. In: Ebd: Die deutsche Tragödie von Lessing bis Hebbel. Hamburg: Hoffmann und Campe 1948.

### Verzeichnis auditiver Dokumente

*Netschájew*, Alexander (2000): Goethes Faust. Der Tragödie erster Teil als Hör-Spiel. Alexander Netschájew (Sprecher), Antje Uhle (Musik), Mathis Nitschke (Tonmeister). © PRO-ARTE 2000

*Günther*, Rolf (2002): Johann Wolfgang Goethe: Faust. Der Tragödie erster Teil. Gestaltet und gesprochen von Rolf Günther. Musik: Dan Aldea. Sologesang: Georg Scheller. © Steinbach sprechende Bücher 2002

### Verzeichnis audiovisueller Dokumente

*Dorn*, Dieter: (1987a) Faust. Der Tragödie erster Teil. Film nach der Inszenierung von Dieter Dorn an den Münchener Kammerspielen. Regie Dieter Dorn. Deutschland 1987. In: Frederking, Volker (Hrsg.): Johann Wolfgang von Goethe: Faust Der Tragödie erster Teil. Textausgabe mit Materialien und DVD. Ausschnitte auf der der Textausgabe beigefügten Mini-DVD. Braunschweig: Schroedel 2007.

*Dorn*, Dieter: (1987b) Faust. Der Tragödie erster Teil. Film nach der Inszenierung von Dieter Dorn an den Münchener Kammerspielen. Regie Dieter Dorn. Deutschland 1987.

*Gründgens*, Gustaf: (1960a) Johann Wolfgang von Goethe: Faust. Goethes »Faust I« in der filmischen Aufbereitung der berühmten Gustaf Gründgens Inszenierung für das Deutsche Schauspielhaus in Hamburg. Taurus Video, München 1991. In: Frederking, Volker (Hrsg.): Johann Wolfgang von Goethe: Faust Der Tragödie erster Teil. Textausgabe mit Materialien und DVD. Ausschnitte auf der der Textausgabe beigefügten Mini-DVD. Braunschweig: Schroedel 2007.

*Gründgens*, Gustaf: (1960b) Johann Wolfgang von Goethe: Faust. Goethes »Faust I« in der filmischen Aufbereitung der berühmten Gustaf Gründgens Inszenierung für das Deutsche Schauspielhaus in Hamburg. Taurus Video, München 1991.

*Stein*, Peter: (2000) Johann Wolfgang von Goethe: Faust. Fernsehfassung der Inszenierung von Peter Stein als gemeinsames Projekt von ZDF, 3sat, ARTE und ZDF Theaterkanal. 2001. In: Frederking, Volker (Hrsg.): Johann Wolfgang von Goethe: Faust Der Tragödie erster Teil. Textausgabe mit Materialien und DVD. Ausschnitte auf der der Textausgabe beigefügten Mini-DVD. Braunschweig: Schroedel 2007.

*Stein*, Peter: (2000) Johann Wolfgang von Goethe: Faust. Fernsehfassung der Inszenierung von Peter Stein als gemeinsames Projekt von ZDF, 3sat, ARTE und ZDF Theaterkanal. 2001.

### Verzeichnis angeführter Internetquellen

*SymBoard*: www.medid.de

# Bildquellen

*Seite 29:* aus: Peter Stein – (2000) Johann Wolfgang von Goethe: Faust. Fernsehfassung der Inszenierung von Peter Stein als gemeinsames Projekt von ZDF, 3sat, ARTE und ZDF Theaterkanal. 2001.

*Seite 35 u. 47 u.:* aus: Volker Frederking – Johann Wolfgang von Goethe: Faust Der Tragödie erster Teil. Textausgabe mit Materialien und DVD. Ausschnitte auf der der Textausgabe beigefügten Mini-DVD. Braunschweig: Schroedel 2007.

*Seite 47 li.:* akg-images GmbH, Berlin.

*Seite 47 re.:* aus: Illustrationen zu Goethes Faust. Zusammengestellt und kommentiert von Jutta Assel und Georg Jäger. LMU München 2007. © 2002–2010 Gothezeitportal. Nach: Goethes Faust. Der Tragödie erster Teil mit Zeichnungen von Peter Cornelius. Verlegt bei Dietrich Reimer/Ernst Vohsen/A.G., Berlin 1920.

*Seite 51:* ullstein bild, Berlin (histopics).

In unserer Reihe Texte•Medien sind folgende Textausgaben mit
Materialien für die Sekundarstufen I und II erschienen:

*Georg Büchner:* Dantons Tod (47022)
*Georg Büchner:* Woyzeck (47028)
*Friedrich Christian Delius:* Der Spaziergang von Rostock nach Syrakus (47012)
*Annette von Droste-Hülshoff:* Die Judenbuche (47001)
*Joseph von Eichendorff:* Aus dem Leben eines Taugenichts (47065)
*Theodor Fontane:* Irrungen, Wirrungen (47004)
*Johann Wolfgang von Goethe:* Faust I (mit DVD) (47009)
*Johann Wolfgang von Goethe:* Die Leiden des jungen Werthers (mit DVD) (47030)
*Johann Wolfgang von Goethe:* Iphigenie auf Tauris (47422)
*Gerhart Hauptmann:* Bahnwärter Thiel (47025)
*E. T. A. Hoffmann:* Der Sandmann (47010)
*Ödön von Horváth:* Geschichten aus dem Wiener Wald (47057)
*Franz Kafka:* Die Verwandlung und andere Erzählungen (47005)
*Franz Kafka:* Der Proceß (47062)
*Heinrich von Kleist:* Michael Kohlhaas (47027)
*Heinrich von Kleist:* Die Marquise von O... und andere Prosa (47069)
*Heinrich von Kleist:* Prinz Friedrich von Homburg (47064)
*Gotthold Ephraim Lessing:* Nathan der Weise (47011)
*Gotthold Ephraim Lessing:* Emilia Galotti (47068)
*Hans J. Massaquoi:* »Neger, Neger, Schornsteinfeger!« (47002)
*Moritz Rinke:* Republik Vineta (47014)
*Friedrich Schiller:* Don Karlos (47024)
*Friedrich Schiller:* Die Räuber (47058)
*Friedrich Schiller:* Maria Stuart (47421)
*Arthur Schnitzler:* Traumnovelle (47006)
*Arthur Schnitzler:* Leutnant Gustl (47063)
*Theodor Storm:* Der Schimmelreiter (47059)
*Władysław Szpilman:* Der Pianist (47023)
*Die Poetry-Slam-Expedition:* Bas Böttcher (47061)

**Die Anthologien:**
Literatur des 20. Jahrhunderts (47000)
Liebe, Tod und Spiel (47007)
Barock: Lyrik (47039)
Märchenreise (47038)
SpielRäume (47066)

Die einzelnen Bände werden jeweils durch
– **Arbeitshefte**
– **Informationen für Lehrerinnen und Lehrer** und z. T.
– **mediales Zusatzangebot** ergänzt.
Eine aktuelle Übersicht zu weiteren Ausgaben und Ausgaben in Vorbereitung unter:
www.schroedel.de/textemedien

In unserer »**Grünen Reihe**« (64-seitige Arbeitshefte mit Materialien und Arbeitsanregungen zu ausgewählten Lektüren *ohne* den titelgebenden Originaltext) sind bisher u. a. erschienen:

*Alfred Andersch:* Sansibar oder der letzte Grund (47803)
*Bertolt Brecht:* Leben des Galilei (47802)
*Florian Henckel von Donnersmarck:* Das Leben der anderen (47136)
*Friedrich Dürrenmatt:* Der Besuch der alten Dame (47126)
*Friedrich Dürrenmatt:* Die Physiker (47137)
*Wolfgang Koeppen:* Tauben im Gras (47134)
*Robert Musil:* Die Verwirrungen des Zöglings Törleß (47131)
*Otfried Preußler:* Krabat (4801)
*Anna Seghers:* Das siebte Kreuz (47135)
*Christa Wolf:* Kassandra (47132)

Auch diese Reihe wird durch **Informationen für Lehrerinnen und Lehrer** ergänzt.

Folgende Bände der Reihe »**Schroedel Interpretationen**« sind bereits erschienen:

*Bertolt Brecht:* Leben des Galilei (47708)
*Georg Büchner:* Woyzeck (47702)
*Friedrich Dürrenmatt:* Der Besuch der alten Dame (47706)
*Friedrich Dürrenmatt:* Die Physiker (47712)
*Theodor Fontane:* Effi Briest (47707)
*Johann Wolfgang von Goethe:* Die Leiden des jungen Werther (47701)
*Johann Wolfgang von Goethe:* Iphigenie auf Tauris (47715)
*Heinrich von Kleist:* Michael Kohlhaas (47705)
*Heinrich von Kleist:* Prinz Friedrich von Homburg (47713)
*Heinrich von Kleist:* Das Erdbeben in Chili (47709)
*Wolfgang Koeppen:* Tauben im Gras (47714)
*Friedrich Schiller:* Maria Stuart (47700)
*Friedrich Schiller:* Don Karlos (47704)
*Arthur Schnitzler:* Traumnovelle (47711)
*Arthur Schnitzler:* Leutnant Gustl (47710)

In Kürze erscheinen u. a.:
*Georg Büchner:* Dantons Tod (47719)
*Theodor Fontane:* Irrungen, Wirrungen (47722)
*Max Frisch:* Homo Faber (47718)
*Johann Wolfgang von Goethe:* Faust I (47721)
*Thomas Mann:* Buddenbrooks (47716)
*Thomas Mann:* Mario und der Zauberer (47717)